吉原 蒲原 由比 興津 江尻 府中 丸子 岡部 藤枝 島田 谷 坂 川 井 付

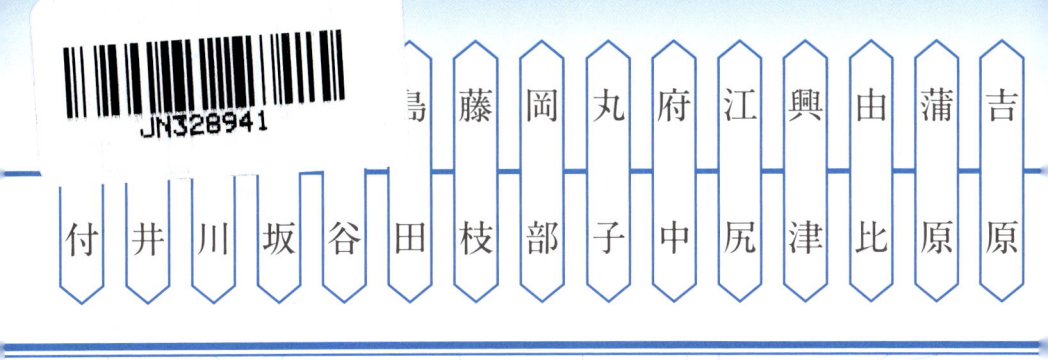

大人の
趣味採集帳

ぬりつぶし

東海道五拾七次の
旅・手・帖

日本橋～見付宿 編

クラブツーリズム講師会事務局・監修

技術評論社

大人の趣味採集帳シリーズ

〈ぬりつぶし〉「東海道五拾七次」の旅手帖

日本橋～見付宿 編

目次

本書の掲載データは2016年5月1日時点のものです。発行後に地図中で示した案内板や標識などが移動、撤去されることがあります。予めご了承ください。
本書の地図はぬりつぶしを目的として制作しています。情報は正確を期して提供しておりますが、実際に東海道を歩く際には、詳しい地図や道案内をご利用ください。

伊豆国		駿河国			遠江国	
64 68	72 76 80	84 88 92	96 100 104	108 112 116	120 124 128	132
三島宿〜沼津 沼津宿〜原	原宿〜吉原 吉原宿〜蒲原 蒲原宿〜由比	由比宿〜興津 興津宿〜江尻 江尻宿〜府中	府中宿〜丸子 丸子宿〜岡部 岡部宿〜藤枝	藤枝宿〜島田 島田宿〜金谷 金谷宿〜日坂	日坂宿〜掛川 掛川宿〜袋井 袋井宿〜見付	見付宿〜浜松

◀ 東海道五十七次 ▶

　慶長5年（1600）関ヶ原の戦いで勝利し全国を制覇した徳川家康は、翌年に伝馬制度を敷き、東海道をはじめ中山道、甲州道中、日光道中、奥州道中の五街道を制定しました。東海道は、政治の中心である江戸と首都の京都、商都大阪の三都市を結び、政治・経済・軍事の面で最重要な交通路であり通信路でした。

　道中奉公が管理した東海道には江戸日本橋から大阪高麗橋までに五十七宿が置かれ、俗に東海道五十七次と呼ばれました。距離にして137里4町1間（約538km）に及びます。日本橋から京都三条大橋までのいわゆる五十三次は約495kmで、幕府の公用出張人は2週間ほどで歩きました。

　世の中が安定し経済が発展した江戸中期には庶民の伊勢詣をはじめ、物見遊山の旅が盛んになり、東海道は大名行列、幕府役人、商人、庶民の旅人でにぎわい、オランダ商館員として来日した外国人も「ヨーロッパを凌ぐよく整備された交通路」と絶賛した道でした。

『ぬりつぶし「東海道五拾七次」の旅手帖』の使い方・楽しみ方

歩いたり自転車で走行した東海道の旅を、心に残すお手伝いをする手帳です。

宿駅間ごとに**❶旧街道を示した白地図ページ ❷旅のいろいろを記録するノートページ ❸街道の見どころを解説した情報ページ** を用意しました。巻末には「ぬりつぶし一里塚」や旅の記録をまとめるページも設けました。旅のあとの日常に戻り、手帳の頁をめくれば、歩いた街道の風景が甦ってくることでしょう。ここでは、自分だけの一冊を作るための各コーナーの使い方を紹介します。

かんたんな記録スペースとして

各地点の到着時刻や出発時間、休憩タイムを書き込むのに便利です。ちょっとした感想や行動記録となる「ひと言」を書き込んでおけば、あとから日記を書くときに記憶をたぐり寄せるヒントとなるでしょう。

歩いた道をぬりつぶそう

旧街道を示した白地図は色鉛筆やマーカーなどで色をぬり、歩いた道がひと目でわかる地図にしましょう。訪れた場所をカテゴリ（例：神社仏閣／城郭／資料館など）別にぬりわけても楽しいかも知れません。ほかにも、訪れた場所にマークを付けたり、マーカーで線を引いたりすれば自分だけの記録地図が出来上がります。

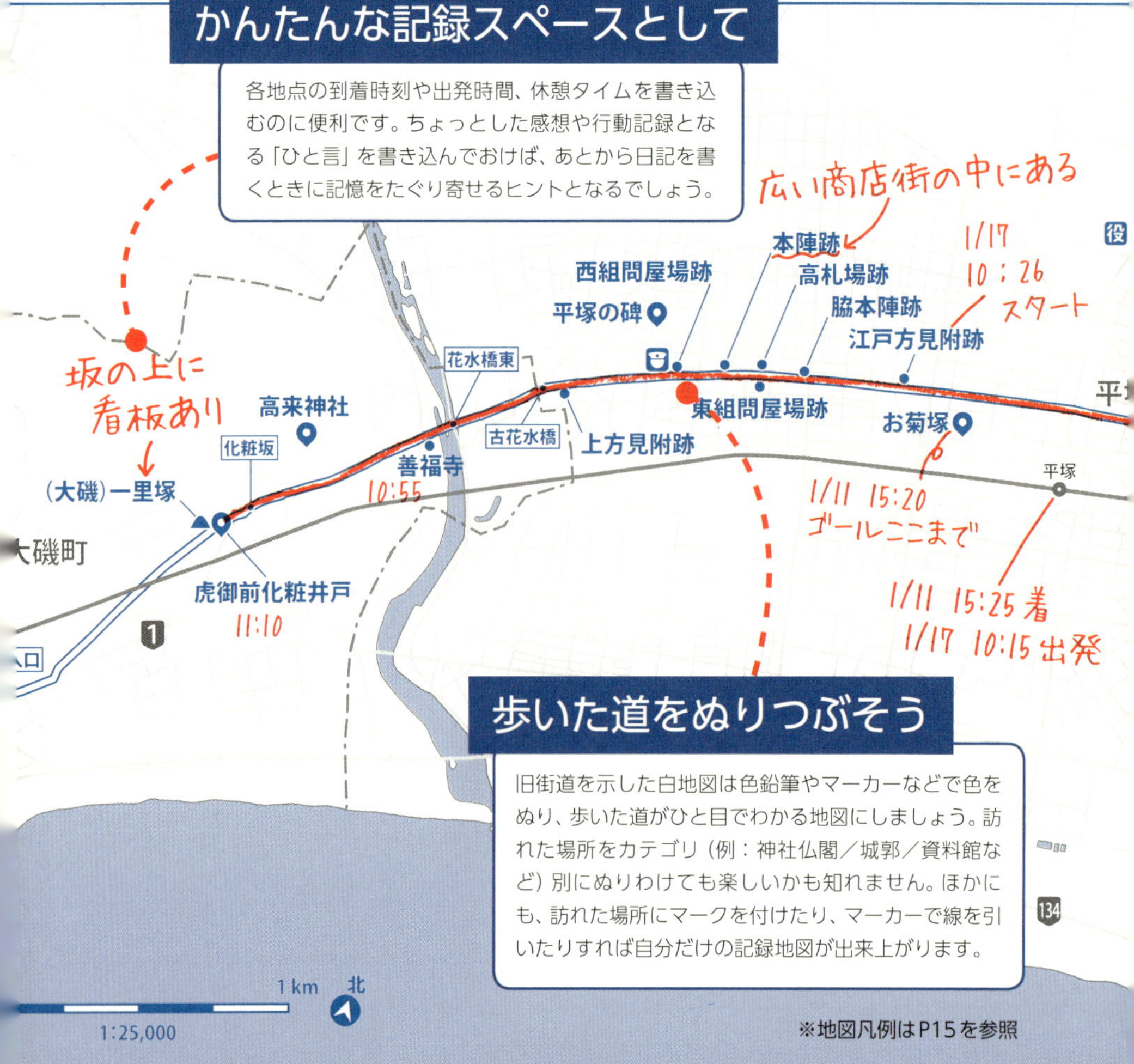

※地図凡例はP15を参照

	里程：	一里塚名：	掲載ページ：	訪れた日：
P77	5	市場	P28	10/25
	7	（神奈川）	P29	10/25
P80	8	（保土ヶ谷）	P32	11/1
P81	9	品濃	P33	11/1
P84	10	戸塚	P36	1/12
P85	11	原宿	P37	1/12
P88	12	（遊行寺坂）	P40	1/12
P92	13	（辻堂）	P40	1/12
P93	14	茅ヶ崎	P41	1/12
P96	16	（大磯）	P45	2/7
P100	17	（国府本郷）	P48	/
P105	18	（押切坂）	P49	/
P108	19	小八幡	P52	/
P109	20	（小田原）	P53	/
P112	21	（風祭）	P53	/
P116	22	（湯本茶屋）	P56	/
P117				
P120				
P124				
P125				
P128				
P129				
P129				
P132				
P133	33	（沼田新田）	P73	/

羽のものは除いています。

ーキングガイド＿東海道の一里塚について」を参考に仮称で表記しています。

自由に気楽に書き込もう

「道中記一筆」には、出会った風景や印象に残ったことなどを感じたまま自由に記録しましょう。時間の経過を記録しながら旅の記録をしたためるのもよいでしょうし、スケッチや写真を用いて街道の景色をのこすのもよいでしょう。「献立道中記」には旅先で食べた名物やランチの感想を、「名所・旧跡書留め」には印象深い場所について記しましょう。

道中記一筆：

8：30　新橋の昭和通りを通過、広い通りでひたすらに歩く。

8：42　第一京浜の浜松町を通過、MBE田町西口店、休日で当然だれも

：　いない。三菱自動車のショールームのそばに勝海舟、西郷隆盛の

：　会見の碑がある。その先に高輪大木戸の石垣の跡が少し残ってい

9：00　泉岳寺の近くの公園で小休止 20分

9：50　八ツ山橋から品川宿、ここからはせまい通りでいかにも、宿場とい

：　趣きがありとても良かった。

10：50　鈴が森刑場跡、ここで第一京浜に合流、立体交差の下でちょっ

：　と休憩。ここからは国道を多摩川まで単調な通りで余計疲れる。

12：18　多摩川到着　おなかがすいた。小休止、六郷橋を渡り、

：　右に折れると川崎宿

13：10　蕎麦屋を出発、旧道の商店街を歩く。川崎駅の周辺ですごく

：　にぎやかな通り。

13：30　八丁なわて駅前から鶴見川を渡り、国道を横切る。やがて生麦の

：　市場、生麦事件の石碑とキリンビールの工場の横を飲みたい気持

：　を抑えつつ、神奈川宿に向かう。

15：45　青木橋　国道15号を右に折れ台町を通り浅間神社、ここで道を間違え

：　て右の広い通りに入ってしまい、気が付かず15分位歩いて聞いてみたら

：　通りが一本違うと言われ、戻る羽目になった。疲れていたので、ガックリ

16：30　妻の待つ追分に着く。

道中記：〈味の評価：□上々　□上　☑中　□下〉

田中本陣跡を過ぎ、蕎麦屋に入り、まずビール、天ざるを注文。蕎麦は手打ちではなかった。ちょっとがっかり。

名所・旧跡書留め：

清源院に行った。そこに徳川家康の側室の於万の方の供養碑があ一面に銀杏が散らばり足の踏み場ない位すごかった。また入り口の側にひっそり小さな碑があり、大島清三郎と女郎ヤマの心中の井戸があったらしい。

一里塚を制覇したい人は

一里塚は、江戸時代の主要街道の両側に一里ごとに置かれた塚のことです。東海道の一里塚には、松やえのきを置き、旅行者に目的地までの距離を示す里程標の役割を担っていました。一里塚に到達したら一里塚マークを塗って証を残しましょう（P143）。

旅の資料を残しておこう

文化施設の入場チケットや拝観券、名物を食べたお店のカードなどを貼って、旅の思い出を残すのもよいでしょう。見返したときに、立ち寄った場所を思い出すきっかけになったり、次に行くときの手がかりにもなり活用できます。旅の記録を手書きで残すのは面倒だ、という人も貼るだけで簡単に記録できます。

※「宿場データ」の出典は『東海道宿村大概帳』天保14年（1843）のもの

日本橋〜見付宿

街道歳時記

〜春夏秋冬　街道あるき〜

地元の人々により代々受け継がれてきた歴史ある祭事や、旅人の目を楽しませる草木花が、江戸当時の街道の趣を感じさせてくれます。ここでは宿場や近隣のお祭り、花の見頃、旬の食べ物などを紹介します。街道歩きの日程プランを立てる際にご利用ください。

【春】…3〜5月　【夏】…6〜8月　【秋】…9月〜11月　【冬】…12月〜2月

日本橋

芝大神宮　だらだら祭り

例年9月11~21日の11日間にかけて行われる、日本一長いお祭り。変わった名前の由来は、江戸時代に「関東のお伊勢様」と、関東近県から参拝者がひっきりなしに訪れ、だらだらとお祭りが続いたことから。境内に生姜《しょうが》小屋が設営されることもあり、「生姜祭」ともいわれている。16日の例大祭祭儀前後2日間には狂言奉納や江戸囃子《はやし》などの催しも行われる。また、隔年で行われている本祭りでは氏子町内神輿の連合渡御《とぎょ》があり、三十基近くの神輿が連なり練り歩く。

【その他の祭り】
- 花まつり（増上寺4月）
- 佃島念仏踊り（7月）
- 京橋祭り（日本橋10月）
- 赤穂義士祭（泉岳寺12月）

品川宿

荏原《えばら》神社　天王祭《てんのうさい》

宝治元年に京都八坂神社から牛頭《ごず》天王が荏原神社に勧請《かんじょう》されたことから始まったお祭り。毎年6月上旬に行われる。江戸時代には大江戸夏祭りのひとつとして大変にぎわった。現在は都内で唯一の御神面《ごしんめん》を神輿につけての海中《かいちゅう》渡御が行われている。別名は「かっぱ祭り」。御祭神の素戔嗚尊《すさのをのみこと》が水神様で、かっぱが水神様の使いであることから、祭礼の参加者たちをかっぱになぞらえたことによる。

【その他の祭り】
- 荒神祭（海雲寺3、11月）
- 磐井神社例大祭（磐井神社8月）
- 品川寺大祭（品川寺9月）
- しながわ宿場まつり（北品川八山〜南品川青物横丁付近10月）

川崎宿

川崎山王《さんのう》まつり

稲毛神社は、江戸時代末期までは河崎山王社と呼ばれ、東海道川崎宿の総鎮守として信仰を集めた。夏の祭礼「河崎山王まつり」は東の祇園と呼ばれ、にぎわったという。現在川崎山王まつりは8月1日に宵宮《よいみや》祭、2日に例祭が行われ、例祭当日に行われる古式宮座式《みやざしき》は県民俗文化財に指定されている。祭礼最終日には孔雀・玉と呼ばれる男女二神の神輿が氏子町内を巡る神幸《みゆき》祭が行われる。この神幸祭には、神々の結婚、懐妊、御子神の出産の物語が隠されていると伝わっている。

【その他の祭り】
- 菅生神社の例大祭（菅生神社10月）

神奈川

蛇《じゃ》も蚊《か》も祭り

毎年6月に横浜市鶴見区の生麦地区で行われるお祭り。本宮の道念《どうねん》稲荷神社と原の神明社の二カ所で行われる。変わった名前の由来は蛇にまつわるもの。昔、亡き妻との約束を破った男の前に、妻が大蛇の姿になって出てきた。茅《かや》などを軒先に備えると大蛇は去っていったことから、この地域で茅を材料に大蛇を作り、子どもに担がせるようになったという。かつてはお祭りが終わったあとに、担いだ大蛇を近くの鶴見川に流すことで、そこから川で遊ぶことが許されたといわれる。

【その他の祭り】
- 洲崎大神ちょうちん祭り（洲崎神社6月）
- 天王祭（橘神社6月）
- お馬流し（本牧神社8月）
- 本えびす（本覚寺1月）

戸塚宿

八坂神社例祭とお札まき

毎年7月の例祭（7月14日）の夜に行われるお札まきは、境内の踊りから始まる。町内を巡りお札をまきながら再び神社に戻ってくるというもので、踊り手は派手な着物に化粧をした男衆。音頭取りが一節を歌うと、踊り手は輪になって復唱する流れで続いていく。

元禄時代の東海道ではすでにこのような「お札まき踊り」があり、当初は歌や踊りを演じて各戸をまわり、寄付を募っていたといわれている。

【その他の祭り】
- 夏祭り（富塚八幡宮8月）
- 戸塚宿場まつり（10月）

藤沢宿

遊行寺《ゆぎょうじ》 銀杏《いちょう》

境内にそびえる大銀杏は、樹齢500年とも700年ともいわれている。幹の周囲にはベンチが置かれ、付近の住民の憩いの場所として親しまれている。昭和46年に藤沢市指定天然記念物に指定された。かつては高さが31mほどあったが、昭和57年の台風により地上6mのあたりで幹が折れてしまい、現在のような姿になった。雄株なので銀杏《ぎんなん》は実らないが、毎年11月下旬から12月上旬になると黄葉した姿を見ることができる。

清浄光寺（遊行寺）

【その他の祭り】

- 遊行の盆（遊行寺7月）
- 藤沢宿まつり（御殿辺公園ほか3月）

藤沢宿

白旗《しらはた》神社 義経藤《よしつねふじ》・弁慶藤《べんけいふじ》

源氏にゆかりのある境内には、義経藤と弁慶藤と名がついた藤棚がある。社務所の近くにある白藤が義経藤で、境内の東にある紫色の藤棚が弁慶藤。弁慶藤が先に咲き出してから義経藤が咲き出すという。4月下旬から5月上旬にかけて双方の鮮やかな姿を見ることができる。弁慶藤には松尾芭蕉の句碑が立てられている。

草臥《くたびれ》て　宿かる頃や　藤の花

境内にはほかにも、義経の鎮霊碑や弁慶の力石《ちからいし》などがあるので、あわせて訪れたい。

【その他の祭り】

- 白旗まつり（白旗神社7月）

平塚宿

湘南ひらつか七夕《たなばた》祭り

七夕祭りが年中行事になったのは江戸時代からだといわれ、各地域で特色のある七夕祭りが開かれている。平塚では毎年7月に開催されるが、祭りが始まったのは戦後の昭和25年だった。地元の商工会議所や商店街の人々が協力し、商人たちの戦後復興への意気込みを強く感じさせていたという。今では中心街に約五百本の七夕飾りが街を彩る、日本有数の七夕祭りのひとつとなっている。七夕飾りの中には、市民が制作に参加しているものもある。

【その他の祭り】

- 平塚八幡宮の例大祭（平塚八幡宮8月）

大磯宿

高来《たかく》神社　夏期例大祭（御船《みふね》祭）

海の中から現れた蛸《たこ》が千手《せんじゅ》観音に姿を変え、高麗寺に奉納されたことが由来となったお祭り。700年続いているともいわれており、7月の第三土日に開催される。早朝に高来神社から御霊を納められた十二基の神輿が街を練り歩き、照ヶ崎まで浜降りする。また2年に一度、美しく飾られた2艘の船形の山車《だし》が引かれ、その上で唄われる木遣《きやり》歌が夏の大磯を盛り上げる。御船祭とも呼ばれている。

【その他の祭り】

西小磯の七夕行事（大磯町西小磯８月）

櫛魂祭（六所神社９月）

大磯宿

相模国府祭《さがみこうのまち》

奈良時代から1000年以上の歴史を持ち、起源は大化の改新までさかのぼる。大化の改新でこの地・相模国に国府という行政所が設けられ、国府近くの神社を総社として定められた。毎年5月5日になると、相模国一之宮寒川神社をはじめ、二之宮の川匂《かわわ》神社、三之宮の比々多《ひびた》神社、四之宮の前鳥《さきとり》神社、一国一社の平塚八幡宮が総社の六所神社のもとに集まり、一年の天下泰平、五穀豊穣、無病息災を祈る。神揃《かみそろい》山《やま》では、相模国成立の時の論争を模した神事である座問答が行われる。

【その他の祭り】

大磯宿場まつり（大磯北浜海岸11月）

大磯の左義長（山王町旧東海道松並木1月）

小田原宿

小田原北條五代祭り

5月3日に小田原城址公園銅門広場とその周辺で行われている。戦国時代に五代約100年にわたって関東に君臨した、戦国大名の北条氏をたたえる地域最大のお祭り。祭りのメインは、北条歴代城主をはじめ武者隊、姫隊を中心とした武者行列と、市民による演奏、神輿などのまち衆隊も参加し、総勢千七百人が練り歩く。鉄砲衆による発砲の演技や風魔忍者によるパフォーマンスも行われる。2015年には十九万人もの観客が集まった。

【その他の祭り】

寺山神社の鹿島踊り（寺山神社７月）

箱根宿

【その他の祭り】
- 箱根の湯立獅子舞（諏訪神社3、7月）
- 駒形神社例祭（駒形神社8月）
- 箱根神社例大祭（箱根神社8月）
- 大名行列（箱根湯本11月）

あじさい電車

箱根の山を上り下りする箱根登山鉄道の登山電車は、沿線にたくさんのあじさいが植えられていることから、あじさいの咲く時期は「あじさい電車」として親しまれている。開花は標高の低いほうから始まり、段々と見頃を向かえていく。6月中旬ごろから7月中旬ごろまでと長く楽しめる。この時期になると夜は特別にライトアップし、昼間とは違う趣のあじさいを見ることができる。

三島宿

【その他の祭り】
- 三島夏祭り（三嶋大社から三島広小路駅8月）

三嶋大社例祭

三嶋大社のもっとも大きな祭典で、毎年8月16日に行われている。元来、4月、8月、11月の二《に》の酉《とり》の日に行われていた大祭がもとになっている。明治4年（1870）新社格制度により官幣大社《かんぺいたいしゃ》に列格されてからこの日に定められた。治承4年（1180）8月17日伊豆に流された源頼朝が挙兵したのは、二の酉の大祭が行われた夜。史実を彩る歴史ある大祭である。例祭を挟んだ3日間は、流鏑馬《やぶさめ》などの神事があり、三島市街でも三島夏祭りと称し、さまざまな行事が続きにぎわう。

吉原宿

毘沙門天《びしゃもんてん》大祭（だるま祭り）

江戸時代から続き、旧暦の1月7、8、9日（2月中旬）に行われている。この日に毘沙門天様にお参りをして願をかけると功徳があるといわれている宗教行事。大祭の間は周辺道路が約1kmにわたり歩行者道路になり、露店も出店しにぎわう。本殿前には、だるまを売る店が五十軒あまり出て、日本三大だるま市のひとつにされている。このお祭りでだるまを買い、お寺の開眼堂でご祈祷して目を入れてもらうと、運が開けるといわれている。

吉原宿

岩本山付近　茶畑

旧東海道より少し足をのばすと、茶畑の向こうに悠然とそびえる富士山を望むことができる絶好のビュースポット。5月の茶摘みの時期が見頃。この地域は平成27年度に献上茶謹製事業の指定園に選ばれた茶畑があり、ここで摘んだお茶は皇室に献上される。

富士川沿い近くの岩本山公園では、季節によっては富士山と梅や桜が一緒に見られる景色が楽しめる。旧東海道から車で北に十分ほどで、バスも利用できる。写真撮影の際は個人所有の茶畑などに立ち入らないように。

【その他の祭り】
- 流鏑馬祭（富士山本宮浅間大社 5月）
- 吉原祇園祭（吉原商店街付近6月）

蒲原宿

御殿山　桜

麓《ふもと》の八坂神社までは、新蒲原駅から徒歩五分ほど。桜の時期は約六百本の染井吉野《そめいよしの》と大島桜《おおしまざくら》が開花し、山全体が桜色に染まる。遊歩道などが整備され、ハイキングなどを楽しめる。さくらつり橋や御殿山広場からは、駿河湾や伊豆半島まで見ることができる。御殿山という名前の由来は、徳川家康が造らせた蒲原御殿の裏側にあったことからといわれている。開花の頃の毎年4月上旬には「かんばら桜まつり」が開催され、夜間のライトアップも行われる。

【その他の祭り】
- 大観音祭（信豊院3月）
- 蒲原宿場まつり（蒲原宿11月）

由比宿

由比宿　桜えび

桜えびが日本近海で生息しているのは、駿河湾のほかに東京湾や相模湾だが、漁業の許可をしているのは静岡県だけ。つまり日本で桜えびが獲れるのは、静岡県の由比、蒲原、大井川地区のみだという。桜えび保護のため、漁ができるのは春と秋の二回で、3月中旬から6月初旬と10月下旬から12月下旬に限られている。由比港では、揚げたての桜えびを味わえるほか、漁の時期になると桜えび祭りも行われている。

【その他の祭り】
- 由比街道祭り（由比本陣公園周辺10月）
- お太鼓祭り（豊積神社1月）

江尻宿

草薙《くさなぎ》神社例大祭・龍勢《りゅうせい》花火大会

静岡県の指定無形民俗文化財で、毎年9月20日頃行われる。龍勢花火は狼煙《のろし》花火が起源。狼煙は戦国時代に戦の通信手段として使われていたものが、江戸時代に入り庶民の娯楽として楽しまれるようになった。草薙神社に龍勢花火が伝わったのは江戸時代。駿府城と久能山《くのうざん》東照宮を守るために伝授され、村の人達は奉納花火として、製造方法を秘伝のまま伝承していった。安政年間（1854～1860）には打ち上げられていたと伝えられている。

府中宿

静岡浅間神社　廿日会祭《はつかえさい》

起源は今川時代までさかのぼる。旧暦2月20日に行われていたお会式《えしき》がもととなり、戦国時代に一時廃れたが、徳川幕府より篤い崇敬を受け、盛大にとり行われるようになった。現在は4月5日に行われているが、この日に改める際に、もともと20日に行われていたお会式ということで、廿日会という名前が付けられた。お祭りでは、市内の山車《だし》のひき回しや神輿渡御なども行われ、国の選択無形民俗文化財の稚児《ちご》舞楽が奉納される。

府中宿

駿府城公園　桜

かつて徳川家康が居城としていた駿府城本丸、二の丸を整備して造られた駿府城公園。4月上旬に桜が見頃をむかえ、内堀に連なる桜は趣き深い見所だ。開花に合わせ、夜になるとライトアップされ、水面に写る桜が際立つ名所となっている。桜が散り始めると、お堀を花びらが埋め尽くし、さらに楽しむことができる。同時期に駿府城公園で開催される静岡まつりは、家康が駿府で家臣を連れて花見をしたという故事に倣って始められた祭りで、毎年多くの見物客でにぎわっている。

【その他の祭り】

- 静岡まつり（駿府公園、静岡市街ほか4月）

藤枝宿

【その他の祭り】

虫送り（藤枝市岡部町殿８月）

朝比奈大龍勢（藤枝市岡部町殿10月）

藤枝大祭り

3年に一度、10月上旬に藤枝宿一帯で行われる。長唄《ながうた》・三味線《しゃみせん》・囃子方《はやしかた》の演奏に合わせて披露される地踊りが藤枝大祭りの最大の見どころ。この長唄による地踊りの披露は、藤枝大祭りが日本一という説もあり、総勢百人以上が舞う光景は華やかで壮観。また、屋台の引き回しも見どころで、屋台の前に取り付けられた太く長い梃子棒《てこぼう》を大勢の若衆が力強く動かし、方向転換するのが特徴。梃子棒による屋台操作が見られるのは東海道では藤枝大祭りだけ。

島田宿

鹿島踊

大井神社大祭　帯まつり

3年に一度、大井神社の神様が昔の社地（お旅所《たびしょ》）へ里帰りするお祭り。10月中旬の3日間、島田の町中で大《おお》奴《やっこ》・大名行列・鹿島踊・屋台上踊と地踊などが行われる。最終日はすべてが神輿行列とともに一大行列を成し、大井神社からお旅所までの往復約4kmを丸一日かけてゆっくりと練り歩く。大奴の姿や振り、鹿島踊の独特の形態などから日本三奇祭のひとつと呼ばれている。

金谷宿

金谷坂の石畳　金谷の新茶

金谷は、全国で有数のお茶の生産地である牧之原台地に位置し、一面に広がる雄大な茶畑を望むことができる。特に、新茶の季節である4月下旬から5月の初旬になると葉が鮮やかな緑色になり、美しい景色を楽しむことができる。金谷坂の上り口にある石畳茶屋は、情緒あふれる町屋風数奇屋《すきや》造りの茶屋で地元のお茶や、お茶（抹茶）を使用したロールケーキなどで一服できる。茶屋の一角からは天気がよければ富士山を眺めることができる。毎年春には金谷の新茶を出している。

日坂宿

事任《ことのまま》八幡宮例大祭

事任八幡宮は１９０年ごろの創建とされ、江戸時代には現在の例大祭に近い形で行われるようになったという。現在使用している神輿は１７６１年に再造していることから、それ以前から神輿が使われていることがわかっている。山車《だし》は江戸時代から登場し、現在八町の山車が出るにぎやかなお祭りとなっている。毎年9月の中旬に3日間行われ、最終日の夕方に山車が揃う連合万歳がお祭りのクライマックス。また最終日には神輿を山車が出迎える八町神輿お出迎えも見どころのひとつ。

【その他の祭り】
三熊野神社大祭（三熊野神社４月）

掛川宿

掛川大祭

3年に一度10月の第二土・日曜日を中心に開かれている。七つの神社がひとつの例祭を開くため、かつては氏子十三町が行っていたが、今では四十一町が参加し、掛川市の中心街がにぎわう。龍尾《たつお》神社の神輿渡御《とぎょ》のほか、三大余興として「仁藤の大獅子《おおじし》」「瓦町のかんからまち」「西町の奴《やっこ》道中」が祭りを彩る。大獅子は重さ約220kg、胴体約25mもあり、街中を練り歩く。かんからまちは静岡県無形文化財第一号に指定されている。奴道中は大名行列を模したといわれている。

袋井宿

法多山《はったさん》　万灯祭《まんとうさい》

毎年7月9日・10日に行われていて、この日には理由がある。法多山は観音様を祀る寺院。月に一度いつもよりご利益があるとされている日を功徳《くどく》日といい、この日に参拝すると90日〜6000日分のご利益があるといわれている。中でも7月10日は46000日分のご利益があるそう。46000という数は、一説では一升枡に入る米粒の数で、一升を一生にかけて、一生分のご利益がいただけるという。この日を功徳日と定めていた記録が江戸時代から残っている。

【その他の祭り】
袋井祭典（袋井市全域10月）

熊野《ゆや》の長藤まつり

毎年４月中旬から５月の連休にかけて、行興寺《ぎょうこう》付近で行われている。この藤は、平安時代末期に池田荘の庄《しょう》司《じ》の藤原重徳《しげのり》の娘として生まれ育った熊野御前が行興寺内に植えたのが由来とされている。熊野御前は教養豊かな美しい女性で、和歌の道にも通じ、当時の遠州国司であった平 宗盛《たいらのむねもり》に見初められ都に上り、大変寵愛をうけたという。藤棚面積は１６００㎡にもわたり、推定樹齢８５０年の国指定天然記念物一本と県指定天然記念物五本が見事な花を咲かせている。

【その他の祭り】

- いわた大祭り（見付宿場通り４月）
- 祇園祭（淡海国玉神社７月）
- 見付天神裸祭（見付天神９月）

地図凡例

▲	一里塚
━ ･ ━	都・府・県界
─ ･ ─	市・区・町・村界
1	国道番号
━━━	鉄道路線
- - - -	鉄道路線（地下）
●	鉄道駅
小土呂橋	交差点名
女転し坂	橋、坂、並木、石畳など

・場所が特定できない一里塚（跡）は、本書では掲載していません。

・名称表記は『東海道一里塚ウォーキングガイド』（月刊日本橋　2003年　東海道ネットワークの会21）に準じています。括弧で表記した名称は仮称。ただし、現地に記載があれば案内板および碑に記された名称を記しています。

📍（青）	「街道見どころ・寄りどころ」に解説のあるポイント
📍（黒）	かつての位置や範囲が不明な見どころポイント
＝（青）	旧東海道
＝（黒）	川渡しなど、かつてのルートがなく迂回するルート

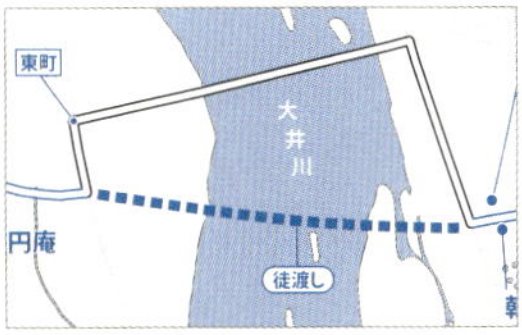

警察署マーク	警察署
〒	郵便局
役	市・区・町・村役場
文	小・中・高等学校

日本橋～品川

にほんばし～しながわ

歩いた日：　□ 晴れ　□曇り　□小雨

年　月　日

スタート（時刻 / 場所）：

：

ゴール（時刻 / 場所）：

：

歩いた距離：

.　km

歩いた歩数：

歩

○街道の起点データ：

- 日本橋の大きさ：全長 28 間（約 51m）　幅 4 間 2 尺（約 8m）
- 江戸の人口：553,257 人（男 292,352 人　女 260,905 人）※
- 江戸の町数：1678 町（延享 3［1746］年）

※『天保撰要類集』より天保 14 年（1843）7 月のもの

江戸《えど》日本橋《にほんばし》

天正18年（1590）徳川家康が江戸へ入城した頃は、江戸城は荒れ果てていた。周辺はほとんどが葦《あし》の生えた湿地帯だったので、江戸城の整備や江戸湾、日比谷入り江の埋め立てが行われた。慶長8年（1603）の開幕とともに、江戸の町割りや造成には全国の大名が動員された。

日本橋は慶長8年（1603）に架橋され、五街道の起点と定められた。日本橋の北詰左岸には江戸時代から関東大震災まで300年続いた魚河岸《うおがし》が、南詰には高札場《こうさつば》や罪人の晒《さら》し場があった。

現在の橋は明治44年（1911）それまでの木の橋から二連アーチ式の石の橋へと生まれ変わり、関東大震災や戦災を経て100年を超えている。標柱の文字は十五代将軍・徳川慶喜《よしのぶ》の筆による。橋の中央には『日本国道路元標』のプレートが埋め込まれている。

道中記一筆：

：

：

：

：

：

：

：

：

：

：

：

：

：

：

：

：

：

：

：

献立道中記：〈味の評価：□上々　□上　□中　□下〉

名所・旧跡書留め：

金座《きんざ》跡《あと》

金貨の鋳造《ちゅうぞう》を行っていた江戸幕府の金座は、現在の日本銀行本店の場所にあった。文禄4年（１５９５）に家康が彫金師の後藤庄三郎光次に金貨の鋳造を命じ、代々後藤家が金座を統括した。勘定奉行の支配下で江戸のほか、駿河、京都、佐渡にも設置された。江戸の金座では、一両小判と一分判の鋳造、検定、極印、包封を行った。明治2年に廃止され、明治29年に現建物の日本銀行本店となった。

北町《きたまち》奉《ぶ》行所《ぎょうしょ》跡《あと》

江戸時代、北と南に設置されていた町奉行所は、町人に関する行政・裁判・警察・消防を司っていた。それらの業務は、南北の奉行所が1ヵ月交代で行っていた。「遠山の金さん」こと遠山左衛門尉景元は天保11〜14年（１８４０〜４３）の間、北町奉行を務めた。また「大岡裁き」でドラマでも描かれた大岡越前守忠相は、享保2年（１７１７）から元文元年（１７３６）まで南町奉行を務めた。

歌川《うたがわ》広重《ひろしげ》旧《きゅう》宅《たく》跡《あと》

江戸時代の風景画家、歌川広重の旧宅跡。江戸時代は大鋸町《おおがまち》と呼ばれたこの地で、広重は死去するまでの約10年を過ごした。天保4年（１８３３）に保永堂から出版した『東海道五拾三次之内』が大ヒットし、一躍風景画家の地位を確立した。

芝大神宮《しばだいじんぐう》

寛弘2年（１００５）頃に伊勢の内《ない》宮《くう》外宮《げくう》の御分霊を祀り、鎮座されたといわれる古社。徳川家康は江戸への入府時や関ヶ原に出陣する際に社参。また江戸から旅立つ者や、帰ってきてお礼参りに来る者など町民の参詣で大変にぎわった。境内では相撲興行・芝居興行・富くじ興行が行われ、周辺には茶屋・揚弓《ようきゅう》場・吹き屋・花の露屋（化粧品）・手妻《てづま》（手品）・軽業《かるわざ》などが集まり、岡場所や陰間などの風俗店もあった。神社周辺では生姜の栽培が盛んで、祭礼である「だらだら祭り」の期間中は「生姜市」が立つ。名物は太々餅《だらだらもち》。

西郷隆盛《さいごうたかもり》・勝海舟《かつかいしゅう》会見《かいけん》の地碑《ちひ》

戊辰戦争の江戸城総攻撃前日である慶応4年（１８６８）3月14日、幕府の陸軍総裁・勝海舟と官軍参謀・西郷隆盛が会見を開いた場所。二人は江戸城の明け渡し、十五代将軍の処遇などの重要問題について会談し、江戸城総攻撃は中止された。

高輪大木戸《たかなわおおきど》跡《あと》

宝永7年（１７１０）、江戸の治安のため市中と外部との境に設けられた木戸。木戸番を置いて夜間は木戸を閉ざし通行禁止とした。旅立つ人をここまで見送り、茶屋で別れの水盃《みずさかずき》を交わした。月見の名所としてにぎわった。

歩いた日：　□ 晴れ　□曇り　□小雨

年　月　日

スタート（時刻 / 場所）：

：

ゴール（時刻 / 場所）：

：

歩いた距離：

.　km

歩いた歩数：

歩

品川宿～川崎

しながわ～かわさき

○宿場データ：

- 本陣：1 軒
- 脇本陣：2 軒
- 問屋場：1 軒　• 総家数：1561 軒
- 人口：6890 人（男 3272 人　女 3618 人）

品川宿《しながわ》

甲州道中の内藤新宿、中山道の板橋宿、奥州《おうしゅう》・日光道中の千住宿とともに「江戸四宿」と呼ばれた。なかでも東海道は参勤交代の最重要ルートで、人の往来がもっとも多く、江戸の出入り口である品川宿はほかの三宿と比べても別格であった。大名達は、ここで長旅の疲れを癒し、身支度を整えて江戸に入るのが習わしだった。

町並みの長さは19町40間(約2km)で、高輪《たかなわ》町境から大井村境の海晏《かいあん》寺門前まで続いていた。近くには桜の名所・御殿山や紅葉の名所・海晏寺、宿のすぐ裏では潮干狩りなど江戸庶民の行楽地があり、旅人ばかりでなく江戸市中から訪れる観光客で大いににぎわった。

宿内の多くの旅籠《はたご》は飯盛女《めしもりおんな》(客に給仕をするのが建前だが、実態は客の夜の相手をする女郎)を抱え、まるで遊郭《ゆうかく》のようだったという。

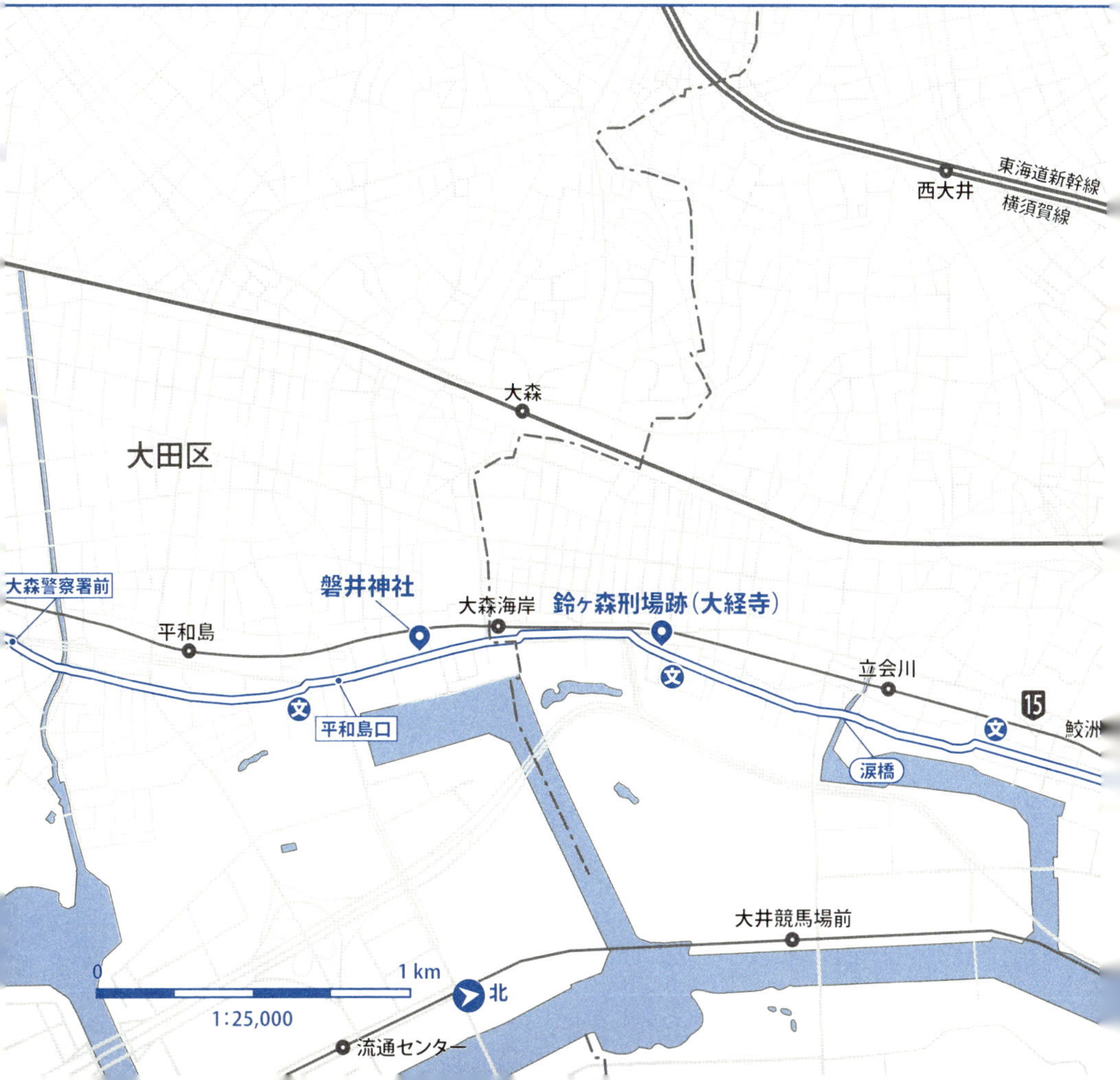

道中記一筆：

：

：

：

：

：

：

：

：

：

：

：

：

：

：

：

：

：

：

：

献立道中記：〈味の評価：□上々　□上　□中　□下〉

名所・旧跡書留め：

街道見どころ・寄りどころ

問答河岸跡《もんどうかしあと》

江戸時代、旧東海道の東側は海で、海岸先に船着き場（河岸）があった。三代将軍徳川家光が東海寺を訪れた帰り、船に乗るとき見送りにきた沢《たく》庵《あん》和尚と以下のような問答をした故事が名前の由来である。将軍「海近くして東（遠）海寺とはこれ如何《いか》に」、和尚「大軍を率いても将（小）軍と言うが如《ごと》し」。

荏原神社《えばらじんじゃ》

奈良時代の創建と伝わる古社。平安時代には源頼義・義家親子が奥州の安倍一族を討ちに赴く際に戦勝祈願をし、それ以降も徳川や上杉など多くの武家が信仰した。現在は東・南品川の鎮守で、初夏には都内唯一の御神面《ごしんめん》神輿《みこし》海中《かいちゅう》渡御《とぎょ》が有名な天王祭（別名＝かっぱ祭り）が行われる。また秋には大鳥祭が執り行われ、江戸からの伝統が受け継がれている。

品川寺《ほんせんじ》

大同年間（806～810）の創建と伝わる品川区内一の古刹。宝永5年（1708）江戸・深川の地蔵坊正元が江戸中から浄財を集め、旅の安全を願って江戸の六ヶ所の出入り口に地蔵菩薩を建立した。その江戸六地蔵のひとつ、青銅造りの地蔵菩薩座像が入り口にある。梵鐘には、周囲に家康・秀忠・家光三将軍の諡号《しごう》と六観音像が浮き彫りにされており、国の重要美術品である。

海雲寺《かいうんじ》

火と水の神である千躰荒神《せんたいこうじん》を祀る。千躰荒神は「しながわの荒神様」や「台所の神様」として江戸時代から信仰を集めている。昭和10年に浪曲師・広沢虎造夫妻が奉納した本堂の大願成就納額と、火消し纏《まとい》の絵が描かれた格天《ごうてん》井《じょう》が見どころとなっている。

鈴《すず》ヶ《が》森《もり》刑場《けいじょう》跡《あと》（大経寺《だいきょうじ》）

慶安4年（1651）に設けられた刑場の跡。近くにある鈴ヶ森八幡（現磐井神社）の社に鈴石《すずいし》（振ったりすると音がする珍石の一種）があったため、いつの頃からか「鈴ヶ森」と呼ばれるようになった。首洗い井戸や、火あぶりに用いられた鉄柱の丸穴石、磔《はりつけ》に用いられた木柱を立てた角穴石などが残っている。由比正雪の乱の首謀者・丸橋忠弥や、八百屋お七などがここで処刑された。手前にある涙橋（浜川橋）は、罪人と縁者が涙ながらに別れたところである。明治4年（1871）に廃止された。隣接の大経寺は檀家を持たず、刑死者の供養を行っている。

磐井神社《いわいじんじゃ》

延喜式《えんぎしき》の神名帳《じんみょうちょう》に記載されているため、延喜年間（901～923）には存在していたと考えられる神社。かつては境内だった鳥居の前の歩道に、万病に効く薬水とされた磐井の井戸があり、飲む人の心が正しければ清水に、邪《よこしま》なら塩水になるといわれた。

歩いた日：　□ 晴れ　□曇り　□小雨

年　月　日

スタート（時刻 / 場所）：

：

ゴール（時刻 / 場所）：

：

歩いた距離：

.　km

歩いた歩数：

歩

川崎宿～神奈川

かわさき～かながわ

○宿場データ：

- 本陣：2 軒
- 脇本陣：0 軒
- 問屋場：1 軒　• 総家数：541 軒
- 人口：2433 人（男 1080 人　女 1353 人）

川崎宿《かわさき》

慶長6年（1601）東海道に伝馬《てんま》制度を敷いた当時、川崎は宿駅ではなかったが、品川宿と神奈川宿の中継ぎとして元和9年（1623）宿駅となった。東海道のなかでは遅い指定だった。

元々財政基盤が弱く、宿の廃止を幕府に訴えるほどに経営は苦しかった。幕府は財政支援を行うも、慶安3年（1650）と元禄16年（1703）の大地震、宝永4年（1707）の富士山の大噴火などでさらに窮乏してしまう。貧しい川崎宿を救ったのは川崎宿本陣当主の田中休愚《きゅうぐ》である。交渉により幕府が持っていた六郷の渡しの経営権を譲り受け、渡船収入により宿場の財政を立て直す。

その後も「宿中残らず類焼」と記録されるほどの大火にみまわれるが、江戸の後期に十一代将軍・家斉《いえなり》が川崎大師を参詣したことから、宿を経由する参詣者が増え、川崎宿はにぎわった。町並みの長さは13町52間（約1・5㎞）。

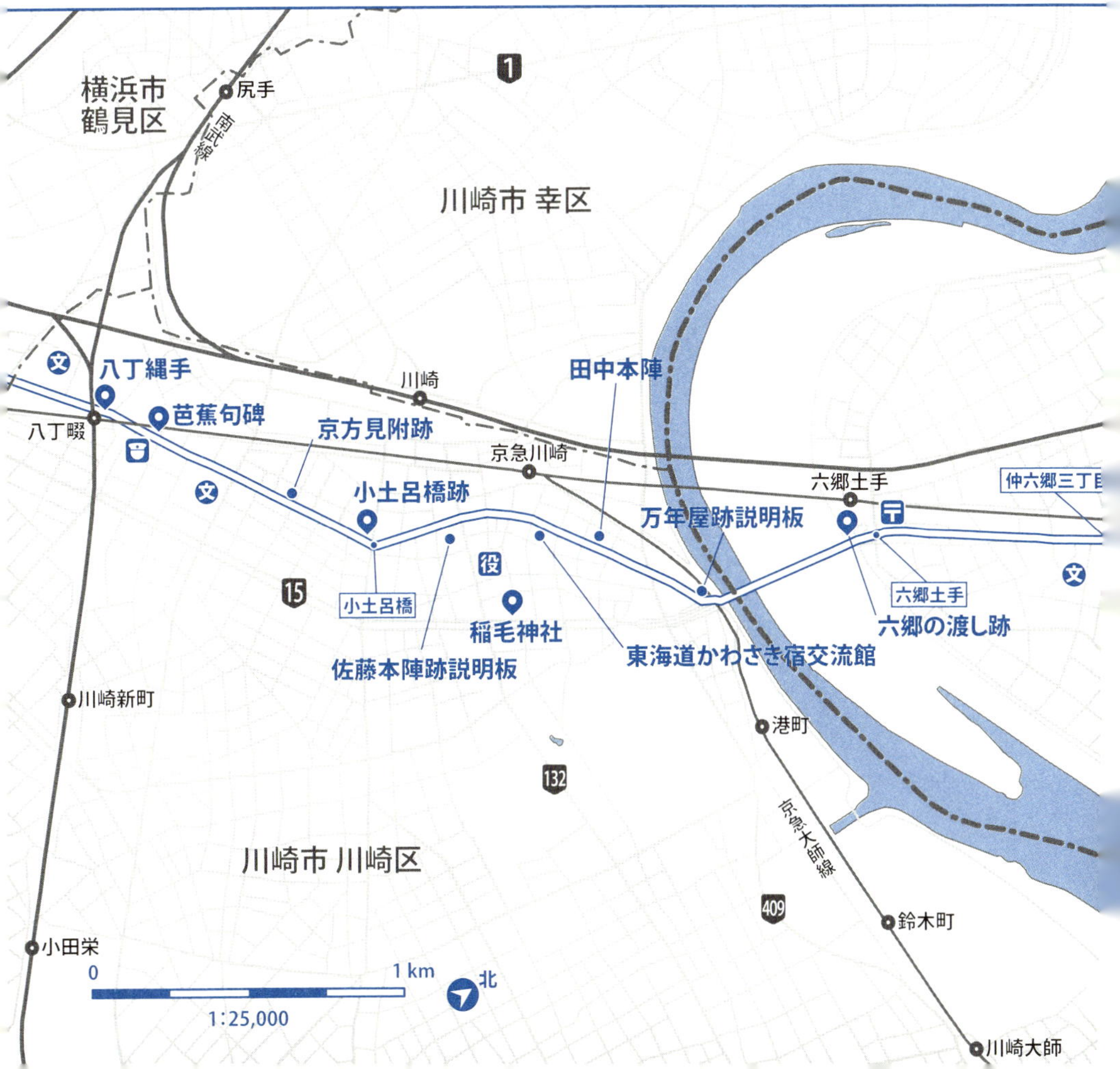

道中記一筆：

：

：

：

：

：

：

：

：

：

：

：

：

：

：

：

：

：

：

：

献立道中記：〈味の評価：□上々　□上　□中　□下〉

名所・旧跡書留め：

梅《うめ》屋《や》敷《しき》跡《あと》

江戸時代、文人や行楽客・旅人達が集まり名所ともなっていた梅屋敷の跡。蒲田は梅の名所としてよく知られていた。このあたりには、文政3年（１８２０）頃、「和中散」という有名な道中薬を売っていた薬店舗が数軒あった。この中のひとつを山本忠左衛門が薬屋の株とともに家屋敷全てを買い受け、梅の木数百株と花木を植え庭園と休み茶屋を造ったのが「蒲田梅屋敷」である。

六郷《ろくごう》の渡《わた》し跡《あと》

旧東海道の八幡塚村と川崎宿間の渡しで、江戸の玄関口の渡し場として、交通上極めて重要だった場所の跡。もともとは慶長5年（１６００）に架橋された、擬宝珠《ぎぼし》付きの御公《ごこう》儀《ぎ》橋（幕府が管理する橋）だったが、貞享5年（１６８８）の洪水により流失し船渡しとなった。明治7年に再び橋が架けられたが、渡船は大正14年に鉄の橋が架橋されるまで２４０年間続いた。

稲《いな》毛《げ》神社《じんじゃ》

稲毛神社は景行天皇との縁を伝える川崎の古社。江戸時代までは「河崎山王社」などと呼ばれ、現在も「山王さん」の名で親しまれている。例大祭「河崎山王まつり」は盛況な様から「東の祇園」と称されて街道名物のひとつとなった。また関東では珍しい宮座式をとどめていて神奈川県の選択無形民俗文化財に指定されている。御神木の大銀杏は「山王様の大銀杏」として知られ、歌川広重の『武相名所旅絵日記』などにも当時の姿が描かれている。

小《こ》土《ど》呂《ろ》橋《ばし》跡《あと》

新川堀（現在は旧東海道を左右に横切る新川通り）と呼ばれた幅５ｍほどの堀川を横断するために架けられたのが小土呂橋。川崎宿の開設当時、このあたりは低湿地だったため、幕府は慶安3年（１６５０）に新川堀を開削、海へ排水し、水田耕地の改良を行った。昭和6～8年に埋め立てられ、橋の欄干の親柱だけを交差点脇に保存した。

芭《ば》蕉《しょう》句《く》碑《ひ》

元禄7年（１６９４）5月、当時江戸に住んでいた松尾芭蕉が大阪へ旅立つ際、川崎宿まで見送りにきた弟子たちとの別れを惜しんで詠んだ、「麦の穂を　たよりにつかむ　別れかな」という句が刻まれている。文政13年（１８３０）の建立。

八《はっ》丁《ちょう》縄《なわ》手《て》

川崎宿の京方見附から市場村入り口までの東海道は、両側が松並木で、田畑の中を八丁（約８７３ｍ）も続く細長い一本道となっており、八丁縄手と呼ばれた。現在は京浜急行の駅名「八丁畷」として残っている。縄手（畷）とは、まっすぐな細長い道のこと。

神奈川宿～保土ヶ谷

かながわ～ほどがや

歩いた日：　□ 晴れ　□曇り　□小雨

年　月　日

スタート（時刻 / 場所）：

：

ゴール（時刻 / 場所）：

：

歩いた距離：

.　km

歩いた歩数：

歩

○宿場データ：

- 本陣：2 軒
- 脇本陣：0 件
- 問屋場：1 軒　• 総家数：1341 軒
- 人口：5793 人（男 2944 人　女 2849 人）

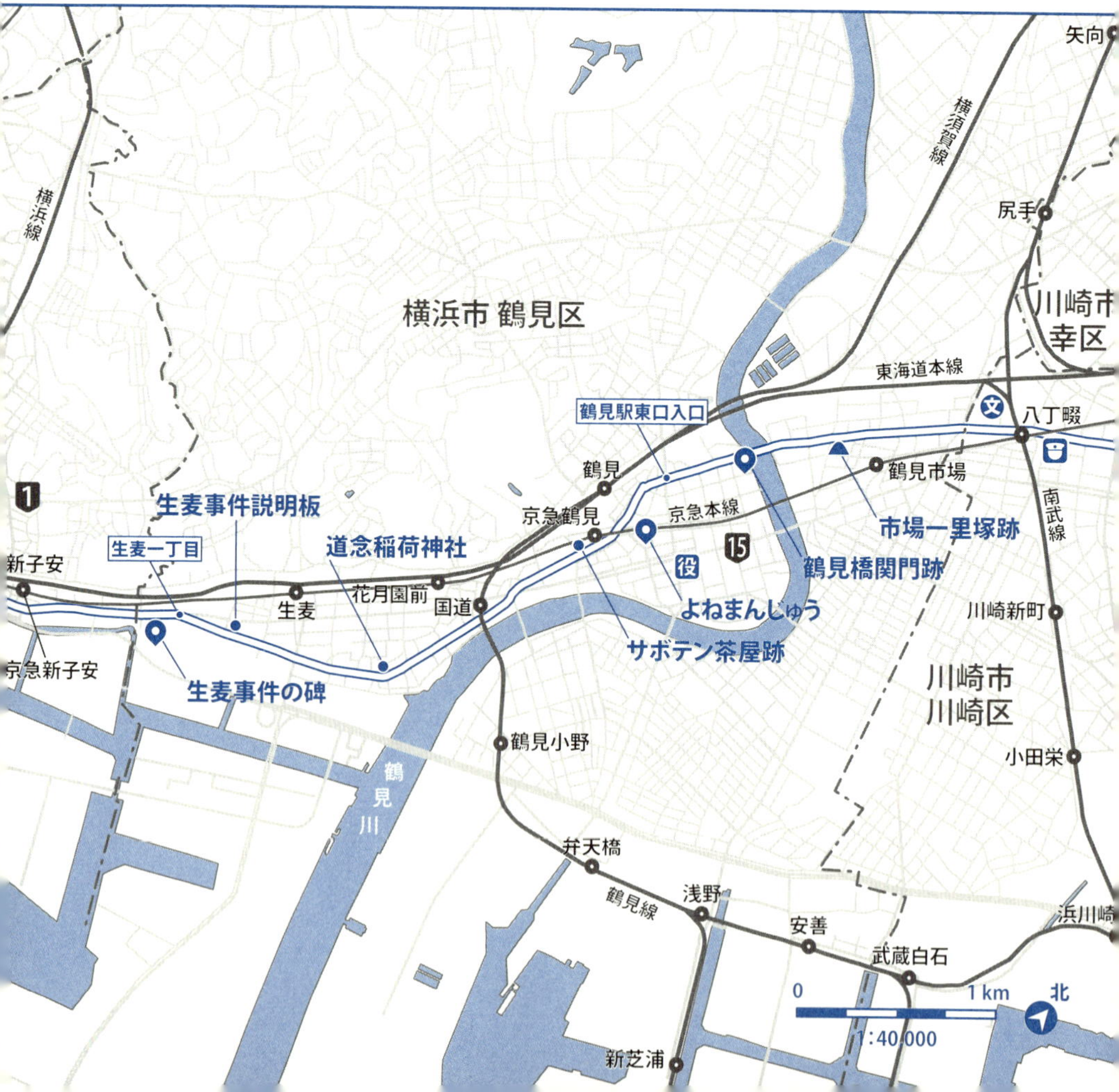

神奈川宿《かながわしゅく》

神奈川は中世以来湊《みなと》町として栄え、また内陸への交通の要衝であったため、慶長6年（1601）江戸から二番目の宿場に指定された（その後三番目に）。

宿場の大きさは東の長延寺から西の台町の先、軽井沢まで海沿いに町並みの長さは18町29間（約2㎞）。東西に長く、滝之橋を挟んで二軒の本陣・問屋場《といやば》・高《こう》札場《さつば》があった。湊には諸国の廻船が出入りし、物資の集散地としてにぎわい、神奈川からは上方向けに武蔵国《むさしのくに》の小麦が出荷された。

宿の西方の台町は袖ケ浦《そでがうら》に面した崖の上に立地して、海を隔てて富士山や房総の山々を望む景勝地で、東海道の海側に沿って料理茶屋が並び、多くの人が訪れた。広重の保永堂版『東海道五拾三次 神奈川』はこの場面を描く。

神奈川宿は浦島太郎の伝説の地でもある。名物は本覚寺の黒薬《くろぐすり》や生鯛・亀甲《きっこう》煎餅《せんべい》だったが今はない。

道中記一筆：

：

：

：

：

：

：

：

：

：

：

：

：

：

：

：

：

：

：

：

献立道中記：〈味の評価：□上々　□上　□中　□下〉

名所・旧跡書留め：

鶴見橋関門跡《つるみばしかんもんあと》

安政6年（1859）の横浜開港とともに、神奈川奉行は外国人に危害を加えようとする尊皇攘夷《そんのうじょうい》派の通行を取り締まるため、横浜への主要道路にいくつか関門を設けた。そのうちのひとつが鶴見橋関門で、明治4年（1871）まで設置されていた。

よねまんじゅう

鶴見橋のあたりには鶴見名物の「よねまんじゅう」を出す茶店が並んだ。塩餡の餅を俵型に小さく作ったものに、焼ごてで焼き目をつけたもので、蕎麦よりも安くて腹持ちがいいと人気だった。「初旅の　まず鶴見から　喰いはじめ」と詠まれた。

生麦事件の碑《なまむぎじけんのひ》

文久2年（1862）、薩摩藩主・島津茂久《もちひさ》の父である島津久光が勅《ちょく》使《し》護衛の任を終え高輪《たかなわ》の藩邸から京都に向かう途中、行列に入り込んでしまった英国商人・リチャードソンほか三名に対して藩士が激昂し斬り付けた事件。英国は翌年7月、鹿児島湾に艦隊を派遣し薩英戦争に発展した。

神奈川の大井戸《かながわのおおいど》

宗興寺《そうこうじ》の脇にあるのが「神奈川の大井戸」と呼ばれる井戸。江戸時代、東海道の名水の井戸として有名で、水量の増減によって翌日の天気を知ることができるといわれ、「お天気井戸」とも呼ばれた。

本覚寺《ほんがくじ》

万病に効くという「黒薬《くろぐすり》」を製造、販売し、旅人に人気だった本覚寺。創建は鎌倉時代の嘉禄2年（1226）。アメリカ総領事・ハリスの希望により約3年間、領事館に充てられたこともある。その際、一番高い松の枝を払い落として星条旗を掲げ、山門の唐獅子《からじし》に白いペンキを塗ったといわれ、現在も塗装の跡を確認することができる。

台町茶屋町跡《だいまちちゃやまちあと》

歌川広重の保永堂版『東海道五拾三次　神奈川』の錦絵としても描かれた場所。大綱金比羅神社の前に7里目の一里塚があり、その先の登り坂が台町。高台の左手下は袖ヶ浦という内海で、房総を望む景勝地だったので料理茶屋が並んでいた。現在は「さくらや」の後を継いだ文久3年（1863）創業の料理屋・田中家が残るのみ。明治7年（1874）坂本龍馬の妻・おりょうが勝海舟の紹介で、田中家の住み込みの仲居として働いていた。

浅間神社の人穴《せんげんじんじゃのひとあな》

平安時代後期に富士宮の浅間神社の総社を勧請したとされる。東海道神奈川の名所で、昔は境内西側の崖に富士山に通じる人穴と信じられた穴があった。戦後の調査で横穴古墳と判明し、開発にともない現在はない。

歩いた日：　□晴れ　□曇り　□小雨

年　月　日

スタート（時刻／場所）：

：

ゴール（時刻／場所）：

：

歩いた距離：

.　km

歩いた歩数：

歩

保土ヶ谷宿〜戸塚

ほどがや〜とつか

○宿場データ：

- 本陣：1軒
- 脇本陣：3軒
- 問屋場：1軒　・総家数：558軒
- 人口：2928人（男1374人　女1554人）

保《ほ》土《ど》ヶ《が》谷《や》宿

江戸を出て最初の難所といわれる「権太坂」の手前にあった宿場。当時の権太坂はかなりきつかったので、旅人の多くは保土ヶ谷宿（程ヶ谷とも書いた）で休憩し、鋭気を養ってから坂越えに挑み戸塚へ向かったといわれている。

日本橋から8里9町（約33㎞）。泊まるにはやや近いが権太坂を控えていたので、老人や女性の旅行者は宿泊した。宿内の金沢横町から金沢八景や鎌倉、江ノ島へ観光に行く人たちも休泊した。

次の宿駅である戸塚宿で泊まらせまいと、顔を真っ白に塗って紺の前垂《まえだれ》を締めた客引きの女「留女《とめおんな》」が、夕方には旅《はた》籠《ご》屋の前に大勢立って客を引き込んだ。『東海道中膝栗毛』の弥次《やじ》さんは、「おとまりは良い程ヶ谷ととめ女　戸塚まへてはなさざりけり」と詠んだ。当時の保土ヶ谷宿のにぎやかさが伝わってくる。宿の町並み長さは19町（約2・1㎞）、道幅3間（5・4ｍ）ほどだった。

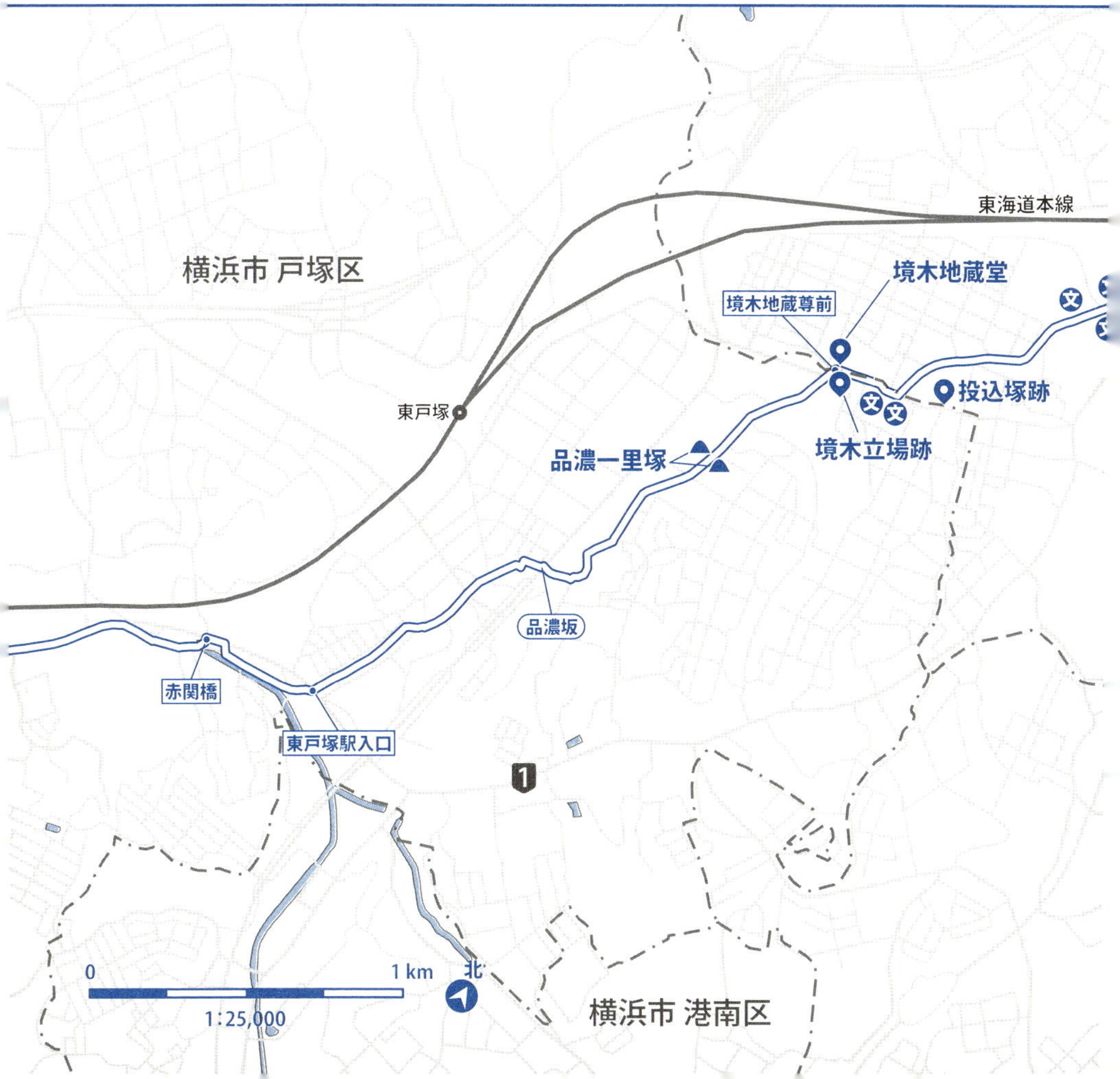

道中記一筆：

：

：

：

：

：

：

：

：

：

：

：

：

：

：

：

：

：

：

：

献立道中記：〈味の評価：□上々　□上　□中　□下〉

名所・旧跡書留め：

芝生《しぼう》の追分《おいわけ》

街道との分かれ道を「追分」という。ここは東海道と八王子《はちおうじ》道との追分。八王子道は横浜開港後、八王子方面から輸出する絹を運んだため「絹の道」と呼ばれた。

金沢横町《かなざわよこちょう》の道標《どうひょう》

東海道と金沢八景・浦賀へ通じる金沢道《かなざわみち》とが分岐する四つ角にある。金沢道は梅の名所の杉田梅林、景勝地の金沢八景、名所旧跡の鎌倉、江の島弁天参詣などに行くために多くの人々が訪れた道であり、幕末にはペリー来航で幕府役人が浦賀へ通った道でもあった。現在、それぞれの場所へ案内する道標が四基残っている。

樹源寺《じゅげんじ》

かつて境内に大ケヤキがあったことから「樹を源とするお寺」として命名された。鎌倉時代まで巨刹だったが、戦国時代の兵火がもとで薬師堂だけの廃寺同然になった。寛永年間（1624～44）になると本陣当主・苅部吉次の妻が日蓮宗に帰依し、薬師堂の脇に庵を建て、日蓮宗の身《み》延《のぶ》山久遠寺の末寺として開山した。

権太坂《ごんたざか》

保土ヶ谷宿の西外れにある急坂。東海道はそれまで平坦な海岸沿いの道が続いているが、ここで本格的な長い傾斜のきつい坂道となる。坂の名前の由来は、坂の名を尋ねられた老人が勘違いをして「権太でがす」と自分の名前を答えたことからといわれている。今では舗装されたなだらかな坂だが、当時は傾斜のきつい坂が、一番坂、二番坂と続いていた。

投込塚跡《なげこみづかあと》

投込塚は、江戸時代に病や疲労のために行き倒れた旅人や牛馬の骨を多数埋めた場所のこと。昭和36年（1961）の宅地開発時に発見され、この地に移動して供養塔が建てられた。宿場の外れにはこのような無縁仏を葬る投込塚があった。

境木立場跡《さかいぎたてばあと》

権太坂を登ったところが武蔵国と相模国の国境にあたり、境界を示す木製の杭が立っていたため、「境木」と呼んだ。この地には境木立場があり、鎌倉の山々や富士山・丹沢山を望む景色の良い場所だった。この地の旧家である若林家が代々営み、牡丹餅《ぼたもち》が名物だった。

境木地蔵堂《さかいぎじぞうどう》

境木地蔵堂は権太坂を上りきったところにある。鎌倉の腰越《こしごえ》海岸に流れ着いたお地蔵様が、江戸に運ばれる途中でこの場所が気に入り、動かなくなってしまったという言い伝えが残っている。

歩いた日：　　□ 晴れ　□曇り　□小雨

年　月　日

スタート（時刻 / 場所）：

：

ゴール（時刻 / 場所）：

：

歩いた距離：

.　km

歩いた歩数：

歩

戸塚宿〜藤沢

とつか〜ふじさわ

○宿場データ：

- 本陣：2 軒
- 脇本陣：3 軒
- 問屋場：3 軒　• 総家数：613 軒
- 人口：2906 人（男 1397 人　女 1509 人）

戸塚宿《とつか》

東海道に伝馬《てんま》制度が設けられた慶長6年（1601）、戸塚は宿駅ではなかった。保土ヶ谷～藤沢間は17㎞と長く、また保土ヶ谷宿の先には権太坂、戸塚の先には大坂があり、両宿の人馬継立ての負担は重かった。江戸から10里18町（約41㎞）に位置していた戸塚には、実際には多くの旅人が泊り、戸塚の人々は人馬を提供して駄賃《だちん》稼ぎをしていた。

この状態に業を煮やした藤沢宿が訴訟を起こし、慶長8年（1603）、公用の伝馬を負担していないことを理由に人馬の駄賃を取ることが禁じられた。戸塚側は宿の有力者・澤邊宗三を中心に宿駅設置を訴え、慶長9年に認定された。

戸塚宿は江戸から一泊目の宿として多くの旅人が泊まったほか、宿内に大山道や鎌倉往還との分岐点があり、大山《おおやま》への参拝客や鎌倉を訪れる旅人も加わってにぎわった。宿の町並み長さは20町あまり（約2・2㎞）だった。

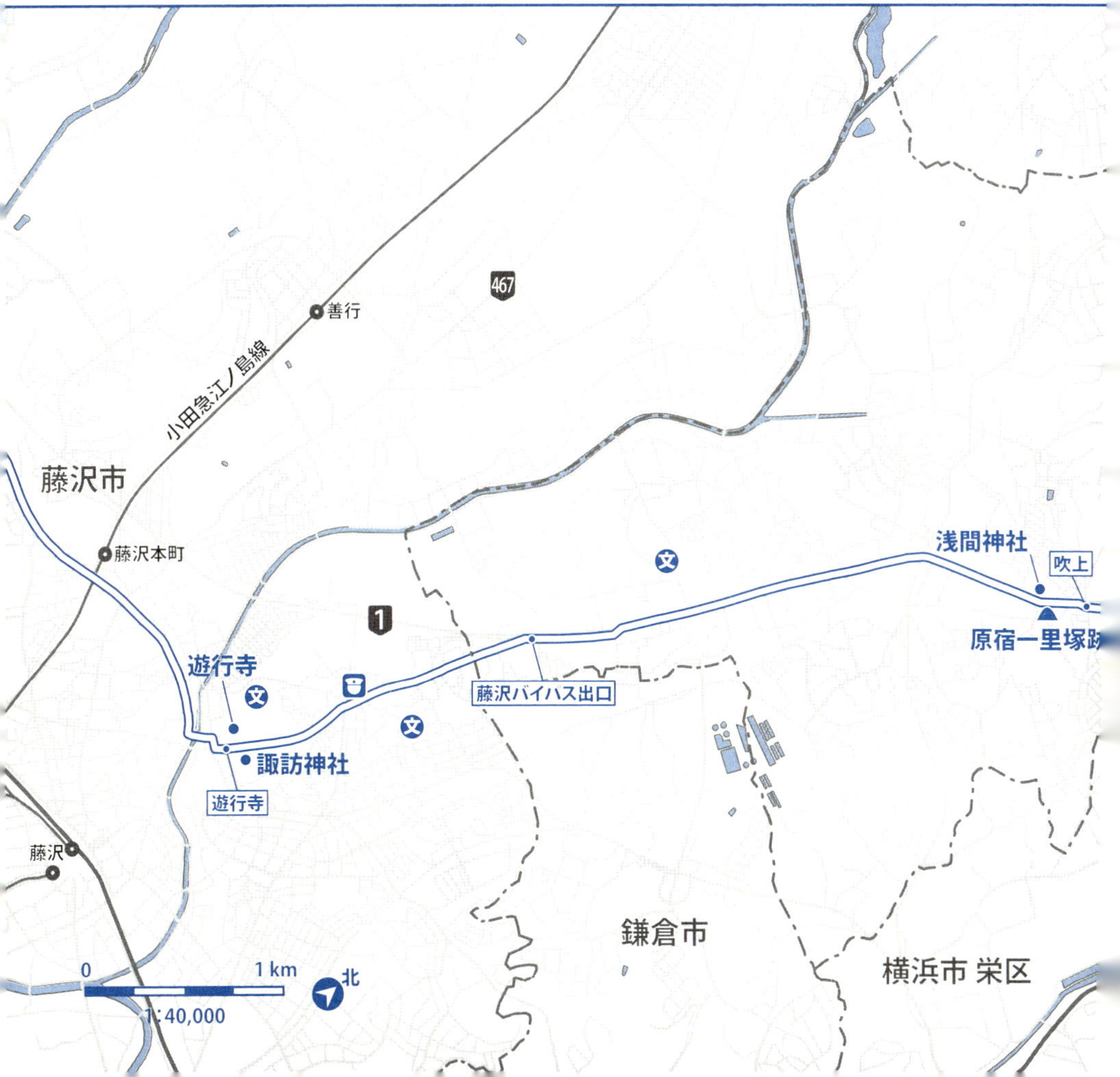

道中記一筆：

:
:
:
:
:
:
:
:
:
:
:
:
:
:
:
:
:
:
:

献立道中記：〈味の評価：□上々　□上　□中　□下〉

名所・旧跡書留め：

大山道《おおやまどう》標《ひょう》

大山は丹沢山系で別名を雨降山といい、古くから雨乞いの霊山として地元・相模の農民に信仰されていた。大山詣は、江戸の博徒《ばくと》が勝を祈ったところ連戦連勝したのが始まりといわれる。

益《ます》田《だ》家《け》のモチノキ

東海道沿いにそびえ立つ二本のモチの大木。どちらも樹齢は推定約300年。県の天然記念物で神奈川名木百選にも選ばれている。

赤《あか》レンガ倉庫《そうこ》

斎藤角次は明治14年（1881）頃、日本人で初めてハムの製造を始めた。「文明開化」で西洋の影響を受けて肉を食べるようになったこともあり、ハムは飛ぶように売れた。今でも残る赤レンガ倉庫はハムの冷蔵庫として使われていたもので、関東大震災にも耐えた丈夫な造りである。

吉《よし》田《だ》大橋《おおはし》

広重の保永堂版『東海道五拾三次』の戸塚に描かれているのはこの橋と袂《たもと》にある旅籠《はたご》の様子。橋には大名行列が持つ長柄の馬簾《ばれん》（まといの飾り）をデザインした街灯や、橋の両側の欄干に戸塚を描いた四枚の浮世絵のパネルが埋め込まれている。

清源院《せいげんいん》

徳川家康の側室・お万の方が家康没後の元和6年（1620）に創建し、家康から賜った阿弥陀仏を安置した。この阿弥陀仏は歯吹《はふき》阿弥陀といい、全国で十七体しかない珍しい仏像で、夏に行われる施餓鬼会《せがきえ》のときのみ開帳される。

八坂神社《やさかじんじゃ》

戦国時代の終わり頃、この郷の内田兵庫が牛頭天王《ごずてんのう》社を勧請して創建したが、その後荒廃。地中に埋もれたご神体を元禄元年（1688）に掘り出して再建し、戸塚宿の鎮守とした。毎年7月14日に行われる「お札まき」の札は、戸口や神棚に貼り厄除けやコレラ除けにした。

富塚八幡宮《とみづかはちまんぐう》

「前九年の役」平定のため、源頼義・義家親子が奥州に向かう途中、この地に露営。そのとき見た夢により戦功を得たとして延久4年（1072）に創建。山頂には夢に現れた応神天皇・富《と》属彦命《つきひこのみこと》の墳墓といわれる塚があり、これを富塚と呼んでいたのが戸塚の地名の由来とされる。

お軽《かる》・勘平《かんぺい》戸塚山中道行碑《とつかさんちゅうみちゆきひ》

赤穂事件を題材とした歌舞伎『仮名手本忠臣蔵』の「道行旅路の花婿」の場面がこの近辺と想定して、昭和46年に建立された碑。主君の塩谷判官（浅野内匠頭《たくみのかみ》）が刃傷に及んだ大事件の最中、恋仲の腰元・お軽と逢瀬を楽しんでいた早野勘平は、武士の面目を失いお軽の故郷・丹波へ逃避行する。

歩いた日：　□ 晴れ　□曇り　□小雨

年　月　日

スタート（時刻 / 場所）：

：

ゴール（時刻 / 場所）：

：

歩いた距離：

.　km

歩いた歩数：

歩

藤沢宿～平塚

ふじさわ～ひらつか

○宿場データ：

- 本陣：1 軒
- 脇本陣：1 軒
- 問屋場：2 軒　・総家数：919 軒
- 人口：4089 人（男 2046 人　女 2043 人）

藤沢宿《ふじさわ》

藤沢は日本橋から12里18町（約50㎞）に位置し、鎌倉時代以来、遊行寺《ゆぎょうじ》の門前町として発展した町場である。また八王子、厚木、江の島、鎌倉、大山《おおやま》への交通の要衝でもあったため、慶長６年（１６０１）宿駅に指定された。

藤沢宿の初期には将軍専用の宿泊施設である藤沢御殿と代官陣屋（天領を治める役所）があった。慶長５年（１６００）から寛永11年（１６３４）の間に家康・秀忠・家光の三将軍が二十八回、宿泊した記録が残る。その後、本陣の整備が進み天和３年（１６８３）に廃止され、跡地は耕地化された。

やがて世の中が安定すると庶民の旅が盛んになり、江の島や鎌倉、大山への参詣を兼ねた観光の人々の足場として藤沢宿はにぎわった。宿の町並み長さは12町17間（約１・３㎞）で名物はサザエ、アワビ、ひしこなます（片口鰯のなます）、松露《しょうろ》菓子などだった。

道中記一筆：

献立道中記：〈味の評価：□上々　□上　□中　□下〉

名所・旧跡書留め：

遊行寺《ゆぎょうじ》

正式名称は「時宗総本山《じしゅうそうほんざん》　藤澤《とうたく》山《さん》　無量光院《むりょうこういん》　清浄光寺《しょうじょうこうじ》」で、通称「遊行寺」。四代呑海《どんかい》上人が僧の修行道場が必要と考え、正中2年（1325）に建立した。応永23年（1416）上杉氏憲《うじのり》と足利持氏《もちうじ》の戦いのとき、十四代太空《たいくう》上人が敵味方の区別なく、戦没者や牛馬類まで平等に供養した怨親平等の碑（敵《てき》御《み》方《かた》供養塔）がある。博愛思想を表す最古の碑として大正15年に国の史跡となった。

白旗神社《しらはたじんじゃ》

相模国の一宮《いちのみや》、寒川比古命《さむかわひこのみこと》の分霊を祀り、鎌倉時代より以前は寒川神社と称していた。宝治3年（1249）源義経の首が合祀されて以来、源氏の旗の白旗にちなんで白旗神社と呼ばれるようになった。

永勝寺《えいしょうじ》

浄土真宗・永勝寺の境内には、飯《めし》盛旅籠《もりはたご》「小松屋」の主人・小松屋源蔵の墓がある。それを囲むように建つ三十九基の墓石には、飯盛女などの名が刻まれている。当時の飯盛女たちは、亡くなると無縁仏用の投込塚に放り込まれることが多かったが、この墓石からは、飯盛女たちを手厚く扱った小松屋の主人の恩情が偲ばれる。

義経首洗井戸《よしつねくびあらいいど》

文治5年（1189）奥州平泉《ひらいずみ》で敗死した源義経の首は、平泉から鎌倉へ送られ、首実験ののちに片瀬の浜に捨てられた。首は境川を遡ってこのあたりに漂着。首を里人が拾い、この井戸で洗い清めたという。

おしゃれ地蔵《じぞう》

「女性の願い事なら何でもかなえて下さり、満願のあかつきには白粉を塗ってお礼をする」と伝えられており、今でもお顔から白粉が絶えることがないという。

四谷大山道標《よつやおおやまどうひょう》

延宝4年（1676）、江戸横山町の講中によって、東海道から大山道が分岐する四谷の追分《おいわけ》（街道の分かれ道）に建てられた道標。江戸時代を通じて江戸町人の大山参詣が盛んだったため、四谷の追分には多くの茶屋が建ち並び、「四谷の立場」と呼ばれた。

南湖《なんこ》の左富士《ひだりふじ》の碑《ひ》

江戸を発ってから旅人は富士山を右手に見ながら旅を続けてくるが、ここで初めて左手に見ることになる。東海道の中で富士山が左手に見えるのは茅ヶ崎南湖と吉原（P79）だけなので貴重な場所である。

平塚宿〜大磯

ひらつか〜おおいそ

歩いた日：　□晴れ　□曇り　□小雨

年　月　日

スタート（時刻／場所）：

：

ゴール（時刻／場所）：

：

歩いた距離：

.　km

歩いた歩数：

歩

○宿場データ：

- 本陣：1軒
- 脇本陣：1軒
- 問屋場：2軒　• 総家数：443軒
- 人口：2114人（男1106人　女1008人）

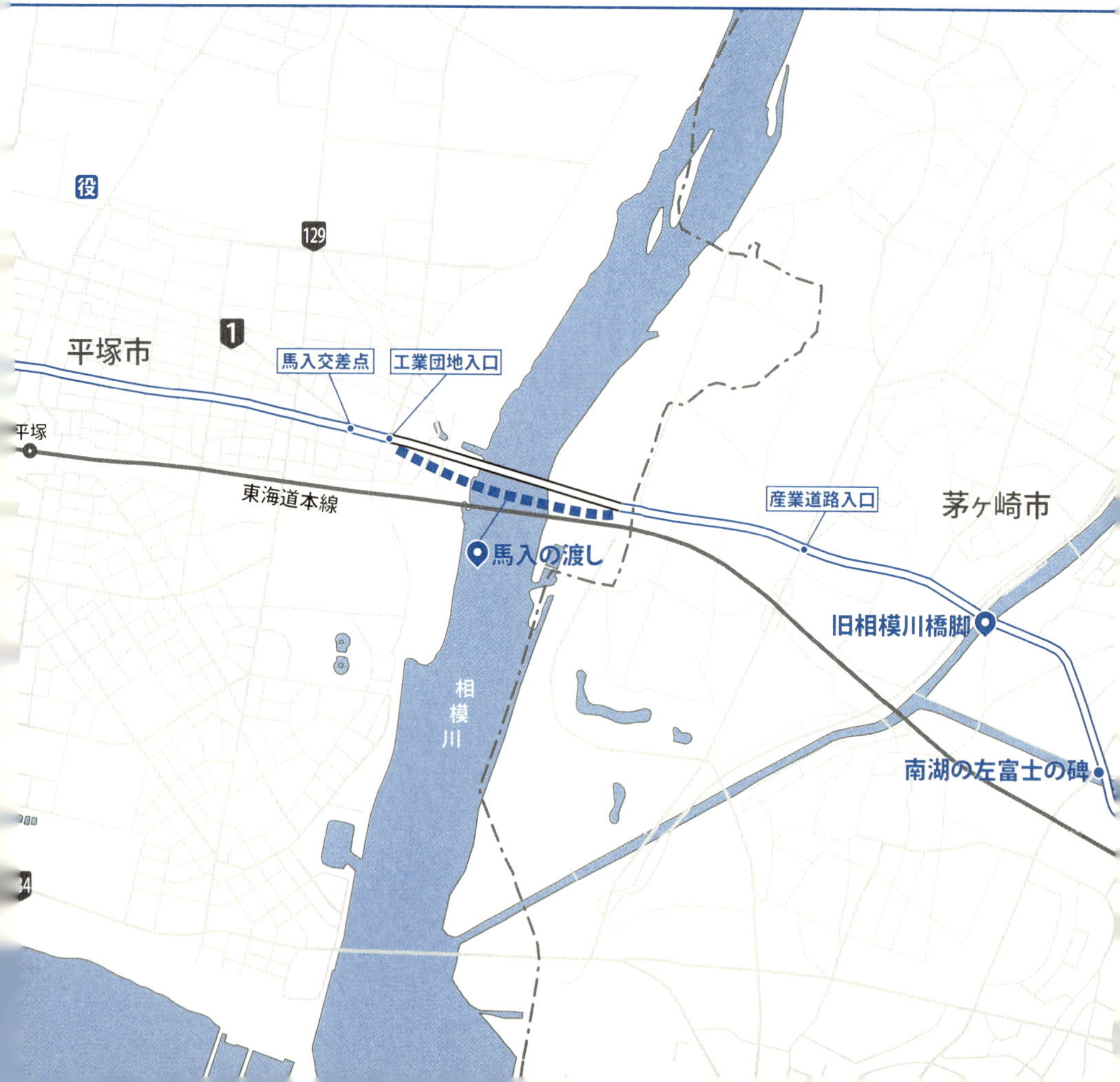

平塚宿《ひらつか》

平塚は古くから相模川河口に須賀《すが》湊《みなと》があり、農産物や海産物などの集散地として栄え、15～16世紀にかけては小田原北条氏の直轄地だった。また江戸と平塚を結ぶ中原往還《なかはらおうかん》(中原道)の起点があり、八王子道も通る交通の要衝でもあったので、慶長6年（1601）宿駅に指定された。

大磯宿との距離は27町（約3㎞）で、東海道の宿場間距離としては、石薬師《いしやくし》宿～庄野宿間の25町（約2・7㎞）に次いで三番目に短い。

保土ヶ谷宿から7里28町（約30㎞）なので、保土ヶ谷に泊まった旅人の二泊目の宿場としてもにぎわったが、平塚宿について書かれた道中記はほとんどなく、特徴のない宿場だったようだ。宿の町並みは長さ14町6間（約1・5㎞）の直線で、宿の東海道の正面に高麗山が見える。

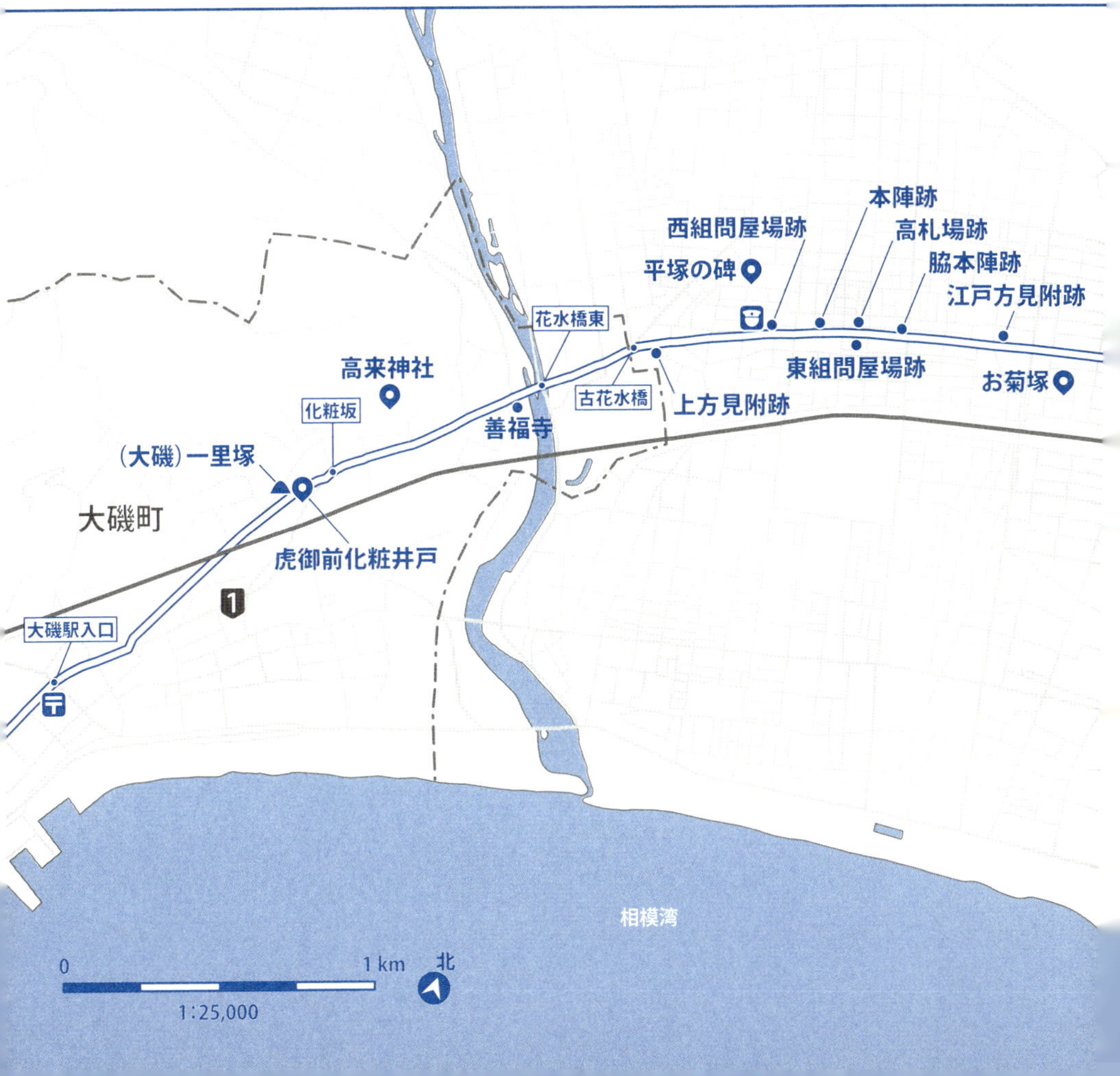

道中記一筆：

：

：

：

：

：

：

：

：

：

：

：

：

：

：

：

：

：

：

：

献立道中記：〈味の評価：□上々　□上　□中　□下〉

名所・旧跡書留め：

旧《きゅう》相模川《さがみがわ》橋脚《きょうきゃく》

関東大震災時の液状化現象により水田の中から橋脚七本が出現し、地中から三本が発見された。歴史学者である沼田頼輔《よりすけ》によって、建久9年（1198）に源頼朝の重臣稲毛重成《しげなり》が亡き妻の供養のために架けた橋の橋脚と考証された。大正15年（1926）に国の史跡に指定。

馬入《ばにゅう》の渡《わた》し

相模川の河口近くは馬入川と呼ばれ、源頼朝の馬が暴れて川に入ったことからその名が付いたと伝わる。江戸時代の人々は舟渡しで川を渡っていた。渡船場は、茅ヶ崎側は柳島村に、平塚側は馬入村にあり、馬入村側には料金を表示した川高札《かわこうさつ》と料金を徴収する川会所《かわかいしょ》があった。渡船五艘・御召船《おめし》一艘が常備され、十六人の水主《かこ》（漕ぎ手）が渡船場に常駐していた。渡船時間は日の出から日の入りまでで、夜間の渡河は禁じられていた。渡船が不足するときは、助郷《すけごう》に指定された村々から船と船頭を調達した。明治19年（1886）の架橋と同時に渡船は廃止された。

お菊塚《きくづか》

怪談『番町皿屋敷』や人形浄瑠璃『播州皿屋敷』に登場するお菊の墓跡。お菊は平塚宿役人の娘で、江戸の旗本屋敷に奉公し、家宝の皿を割ってしまったとして手打ちにされたという。

平塚《ひらつか》の碑《ひ》

天安元年（857）桓武天皇の曾孫、高見《たかみ》王の娘政子が東国に向かう途中この地で没した。そのひつぎを埋めて塚を作ったところ、塚の上部が平らであったため「平塚」の地名となったとの伝承がある。

高来《たかく》神社《じんじゃ》

創建は神武天皇の頃といわれている。鎌倉時代には幕府の庇護を受け、高麗権現社と高麗寺を中心に二十四もの僧坊を有した大寺院だったが、室町・戦国時代に大半は兵火で焼失した。その後、家康から寺領百石と山林をもらい再建し、家康死後は東照権現を祀った。明治の神仏分離で高麗寺二十四坊は廃止され高麗神社と改称、明治30年（1897）から高来神社となった。

虎《とら》御前《ごぜん》化粧《けしょう》井戸《いど》

鎌倉時代にあった大磯宿の中心はこのあたり。多くの白拍子《しらびょうし》（遊女）がいた。仇討ちで有名な曾我兄弟の兄・十郎祐成《すけなり》の恋人であった白拍子・虎御前が、井戸の水を汲み化粧をしたという伝説の化粧井戸がある。虎御前はこの地の山下長者の娘で白拍子ながら詩歌管弦に長じ、十七歳のときこの坂で舞を演じて源頼朝に認められたと伝えられる。

歩いた日：　□晴れ　□曇り　□小雨

年　月　日

スタート（時刻 / 場所）：

：

ゴール（時刻 / 場所）：

：

歩いた距離：

.　km

歩いた歩数：

歩

大磯宿～国府津

おおいそ～こうづ

○宿場データ：

- 本陣：3 軒
- 脇本陣：0 軒
- 問屋場：2 軒　• 総家数：676 軒
- 人口：3056 人（男 1517 人　女 1498 人）※

※合計合わず

大磯《おおいそ》宿

大磯は平安末期には相模国の国府が置かれ、鎌倉時代から宿が形成されていたので、東海道制定の当初より宿駅に指定された。海と山に囲まれた風光明媚《ふうこうめいび》な宿場であるが、小田原宿までの距離が長いうえに酒匂川《さかわがわ》があり、人馬継立ては苦労した。そのため「間の宿」として二の宮村・中丸の立場と山西村・梅沢の立場があった。

上りの二泊目は小田原泊まり、下りは平塚泊まりの旅人が多く、宿場の財政は苦しかった。天保7年（1886）には飢饉《ききん》や自然災害により米価が高騰して、打ち壊しが発生し宿人口の二割が処罰された。さらに同年9月には宿の75％を焼く大火が発生し、散々な年だった。

明治になると大機はリゾート地としてにぎわうようになり、明治18年（1885）日本ではじめての海水浴場が開かれた。伊藤博文《ひろぶみ》・山県有朋《やまがたありとも》らが別荘を構え、島崎藤村《とうそん》が晩年を過ごした。

道中記一筆：

：

：

：

：

：

：

：

：

：

：

：

：

：

：

：

：

：

：

：

献立道中記：〈味の評価：□上々　□上　□中　□下〉

名所・旧跡書留め：

延台寺《えんだいじ》

慶長4年（1599）日蓮宗の寺院として創建。曾我兄弟の兄・十郎の恋人で伝説の美女・虎御前《とらごぜん》が、曾我兄弟を偲んで庵を作った跡ともいわれる。

地福寺《じふくじ》

承和4年（837）の創建と伝えられる。境内には島崎藤村と静子夫人の墓がある。これは藤村の願いにより建てられたもの。

鴫立庵《しぎたつあん》

平安時代末期に西行法師がこのあたりの海岸を題材にした歌を詠んだ。その地に寛文4年（1664）小田原外郎《ういろう》の子孫・崇雪《そうせつ》が草庵を結んだ。元禄8年（1695）には俳人・大淀三千風《おおよどみちかぜ》が入庵、庭園や庵を整備して「鴫立庵」と名付け、俳諧道場として有名になった。京都の落柿舎《らくししゃ》・滋賀の義仲寺《ぎちゅうじ》の無名《むみょう》庵《あん》と並び三大俳諧道場のひとつとして、今も毎月俳句会が開かれている。

島崎藤村旧宅《しまざきとうそんきゅうたく》

大正末期から昭和初期に貸し別荘として建築された家屋を、藤村は昭和16年（1941）2月より借り受け大変気に入り、その後購入して「静の草屋」と呼んだ。

松並木《まつなみき》

大磯中学校前の松並木は旧東海道の松並木の名残。道の両側に高さ約20～30mほどの松が並んでいる。松並木の海側は伊藤博文旧邸滄浪閣《そうろうかく》（標識あり）や、旧徳川邸、旧山県邸、旧大隈邸､旧西園寺邸など別荘が並んでいた。

六所神社《ろくしょじんじゃ》

相模国の総社であり、第十代・崇神《すじん》天皇の御代の創建とされ、大化の改新後の養老2年（718）に現在地に遷ったと伝えられる。相模国の一宮《いちのみや》から四宮までの四社と、平塚八幡の分霊と主祭神の柳田大明神を祀り、六所神社と呼ばれることになった。

等覚院《とうがくいん》（藤巻寺《ふじまきでら》）

推定樹齢約400年という古い藤の木がある。元和9年（1623）徳川家光が上洛するとき、駕籠を停めてこの藤を見たといわれる。

間《あい》の宿《しゅく》　梅沢《うめざわ》の立場跡《たてばあと》

山西村の梅沢は大磯宿と小田原宿の間4里（約16㎞）の中間にあり、江戸時代は大変栄えた。茶屋や酒屋、米屋、伝馬屋などが並び、宿場の機能を有する町場だったので、間の宿と呼ばれていた。茶屋本陣・松屋は百十二坪の建物で宿場の本陣のような造りだったので、大名の休憩にも使われた。茶屋には「茶立女《ちゃたておんな》」という女性がおり、旅人や近在の男たちを呼び込むなど派手な営業をしていた。

歩いた日： □ 晴れ □曇り □小雨

年 月 日

スタート（時刻 / 場所）：

：

ゴール（時刻 / 場所）：

：

歩いた距離：

. km

歩いた歩数：

歩

国府津〜小田原宿

こうづ〜おだわら

○宿場データ：

- 本陣：4 軒
- 脇本陣：4 軒
- 問屋場：2 軒 • 総家数：1542 軒
- 人口：5404 人（男 2812 人 女 2592 人）※

※合計合わず

小《お》田《だ》原《わら》宿

小田原は16世紀に後北条氏の城下町として栄えた町。江戸を発ってはじめての城下町の宿場で、宿の町並み長さは山王口の江戸方見附から板橋の上方見附まで20町6間（約2・2㎞）。

江戸から20里、箱根越えと関所を控え、上りは二泊日（足の弱い人は三泊目）の宿として、下りは箱根越えのあとの泊まり客が多かった。そのため本陣四軒、脇本陣四軒、旅籠《はたご》九十五件と宿泊施設が多いのが特徴である。

しかし元禄16年（1703）の大地震や、4年後の宝永の富士山噴火など度重なる災害が続き、宿は疲弊した。さらに近隣の畑宿村や湯本村、箱根七湯では温泉の湯治客が増え、また格式高い小田原藩による飯盛女《めしもりおんな》の厳しい制限もあり、小田原宿は宿泊場として魅力を次第に失った。名物は外郎（ういろう＝薬と菓子）、小田原下駄、小田原提灯、梅漬《うめづけ》、蒲鉾《かまぼこ》（幕末以降）だった。

道中記一筆：

：

：

：

：

：

：

：

：

：

：

：

：

：

：

：

：

：

：

：

献立道中記：〈味の評価：□上々　□上　□中　□下〉

名所・旧跡書留め：

網元川辺家《あみもとかわべけ》

街道沿いにある重厚な長屋門の屋敷。江戸時代後期の建築で、当時この先の酒匂川《さかわがわ》が川留《かわどめ》になったときに、本陣の役を担っていた。

酒匂川《さかわがわ》の徒渡《かちわた》し

延宝2年（1674）酒匂川では船渡しが禁止され、歩いて渡る徒渡しとなる。3月15日から10月15日の間は「夏川」と呼ばれ、この間は有料で川越人足《かわごしにんそく》の力を借り、手引、肩車、輦台《れんだい》などで渡った。渇水期の「冬川」は、仮橋を架けて往来した。

新田義貞《にったよしさだ》の首塚《くびづか》

新田義貞は、元弘3年（1333）鎌倉幕府の北条氏を滅ぼした。南北朝の動乱では後醍醐天皇を支え、かつてはともに戦った足利尊氏《たかうじ》と戦うこととなり、越前藤島にて敗死した。晒されていた首を家臣・宇都宮泰藤《やすふじ》が奪うが、酒匂川手前の地で病死。主従ともども、この地に埋葬されたという。

上杉神社《うえすぎじんじゃ》・上杉龍若丸《うえすぎたつわかまる》の墓《はか》

社内の中央にある最大の五輪塔は上杉龍若丸の墓といわれている。天文20年（1551）平井城を攻撃された関東管領・上杉憲政《のりまさ》は、落城寸前に幼い嫡男・龍若丸と従臣六名を赴かせ、攻撃中止と所領の安堵を願い出たが、一色の松原で磔《はりつけ》となった。祟りを恐れた一色村の村民が、上杉神社を建立し、五輪塔を建てて弔ったという。

徳常院《とくじょういん》

徳常院には、吉祥寺の寺小姓・吉三郎が恋人の八百屋お七の菩提を弔うために作ったという伝説から「吉三地蔵《きちざじぞう》」の異名を持つ大仏がある。箱根芦ノ湖畔の賽《さい》の河原に安置されていたが、廃《はい》仏毀釈《ぶっきしゃく》により売りに出された。業者がこの地まで運ぶと動かなくなり、災いが続いたため徳常院に安置された。

小田原《おだわら》 城《じょう》

15世紀後半に西相模一帯を支配していた大森氏の小さな山城だった小田原城は、明応4年（1495）、後の北条早雲が大森氏を攻め滅ぼしてから、北条氏の居城となった。以降、城下町全体を総構《そうがまえ》と呼ぶ9㎞に及ぶ土塁や堀で囲み、堅牢な城郭を築いて難攻不落を誇った。その後豊臣秀吉に抵抗したことで北条氏は滅亡。江戸幕府成立後には稲葉氏や大久保氏が城主となり、この地を治めた。

ういろう（外郎）

創業600年、日本最古の薬屋。先祖は中国「元」の官僚で、中国での官職名「礼部員外郎」から「外」の字を唐音で「うい」と読んで「外郎《ういろう》」と名乗った。江戸時代中期の歌舞伎役者二代目・市川團十郎《だんじゅうろう》は持病が「ういろう」で治ったことから、歌舞伎に「外郎売」の台詞を創作して取り入れ宣伝した。

歩いた日：　□晴れ　□曇り　□小雨

年　月　日

スタート（時刻 / 場所）：

：

ゴール（時刻 / 場所）：

：

歩いた距離：

.　km

歩いた歩数：

歩

箱根湯本〜箱根関

はこねゆもと〜はこねのせき

○箱根関所データ：

- 通行時間：開門・明け六ツ時（午前 6 時）〜閉門・暮れ六ツ時（午後 6 時）
- 番所：大番所、足軽番所、遠見番所、外屋番所
- 役人：伴頭 1 名、横目付 1 名、番士 2 〜 4 名、定番人 3 名、足軽 15 名、人見女

箱《はこ》根《ね》八《はち》里《り》

小田原宿から箱根宿＝4里8町（16・6㎞）、箱根宿から三島宿＝3里28町（14・8㎞）の合計8里（31・4㎞）を箱根八里と呼んだ。江戸時代の旅では通常、小田原宿から三島（または沼津）宿までを一気に歩いた。

江戸幕府は元和4年（1618）それまでの湯坂道を廃止し、湯本の三枚橋から元箱根に至る最短距離の古い山道を拡幅整備し、東海道のルートとした。

三枚橋から箱根宿の先の箱根峠までを東坂、箱根峠から三島宿までを西坂と呼んだ。東坂は標高差約700m、平均斜度は20度、最大斜度は40度といわれる東海道随一の難所だったので、湯本・畑宿・甘酒茶屋に立場があった。

当初の道は雨が降ると道がぬかるみ、脛《すね》まで浸かる泥道となった。そこで幕府は朝鮮通信使の通行を機に「箱根竹」という細い竹を束ねて敷いた。その後、石畳で舗装し、松と杉を植えた。

道中記一筆：
：
：
：
：
：
：
：
：
：
：
：
：
：
：
：
：
：
：
：

献立道中記：〈味の評価：□上々　□上　□中　□下〉

名所・旧跡書留め：

紹太寺《しょうたいじ》

江戸時代の初期に三代・50年にわたり小田原城主だった稲葉氏の菩提寺。二代稲葉正則《まさのり》が寛文９年（１６６９）、小田原城下より入生田《いりうだ》の牛臥山《ぎゅうがさん》に移し建立。その頃に植えられたと伝わる枝垂桜《しだれざくら》が境内にある。

三枚橋《さんまいばし》

湯本の早川に架かる橋。東海道はここで左折し、橋を越えて山道へ行く。箱根の温泉場へと向かう「七《しち》湯《とう》道」との分岐点でもある。七湯とは、湯本・塔之沢・宮ノ下・堂ヵ島・底倉・木賀・芦之湯のこと。

早雲寺《そううんじ》

大永元年（１５２１）北条氏綱が父・早雲の遺命により建立。天正18年（１５９０）小田原攻めの豊臣秀吉は箱根を越えた場所の早雲寺を本陣としたが、石垣山一夜城の完成後に火を放ち本陣を石垣山に移した。

正眼寺《しょうげんじ》

鎌倉初期に創建され、湯本地蔵堂としても有名。慶応４年（１８６８）戊辰戦争の「山崎の戦い」の際、放火され焼失。現在の本堂は昭和７年（１９３２）、明治期に建立の別荘を移築したもの。境内には曾我《そが》五郎の鏃《やじり》突き石、曾我兄弟供養塔があり、裏山には曾我堂がある。曾我兄弟ゆかりの寺。

鎖雲寺《さうんじ》

江戸時代の初め、早雲寺にあった庵を移築して開いた臨済宗大徳寺派の寺。歌舞伎『箱根霊験躄仇討《はこねれいげんいざりのあだうち》』で有名な勝五郎と妻・初花《はつはな》の墓がある。

間の宿《あいのしゅく》　畑宿《はたじゅく》

宿の名が付くが正式には畑宿村といい、江戸時代以前からの集落である。畑宿の先には西海子《さいかち》坂、樫木《かしのき》坂、猿滑《さるすべり》坂と急坂が続くので、上り下りの旅人は畑宿で休憩した。東《ひがし》坂でもっともにぎわった間の宿で、茶屋本陣もあった。

甘酒茶屋《あまざけちゃや》

甘酒を出す茶屋は箱根八里の間に十三軒ほどあったが、この場所は間の宿の畑宿と箱根宿との中間に位置し、四軒の甘酒茶屋が並び立場としてにぎわった。現在は江戸時代から３００年続く甘酒茶屋が一軒のみ残る。

箱根関所《はこねせきしょ》

小田原藩が幕府から警備と運営を任されていた箱根関所。設置からの２５０年間で、記録に残る箱根関所破りは五件六人と少ないが、これは、関所破りの多発は小田原藩の不名誉であるとされるため、実際に関所破りを逮捕しても「藪《やぶ》入り（道に迷った）」という処置にして、小田原藩領から追放処分で済ませていたためである。現在の箱根関所は、幕末の姿に復元し、平成19年３月より公開している。

歩いた日：　□ 晴れ　□曇り　□小雨

年　月　日

スタート（時刻 / 場所）：

：

ゴール（時刻 / 場所）：

：

歩いた距離：

.　km

歩いた歩数：

歩

箱根宿～三島

はこね～みしま

○宿場データ：

- 本陣：6 軒
- 脇本陣：1 軒
- 問屋場：2 軒　• 総家数：197 軒
- 人口：844 人（男 438 人　女 406 人）

箱根《はこね》宿

東海道制定の当初は、箱根に宿場はなかったが、西国大名からの要望が強くなり、徳川幕府は箱根関所と箱根宿の設置を決め、芦ノ湖《あしのこ》畔の原野を切り開き、小田原宿と三島宿それぞれより五十戸を半ば強制的に移住させ、元和4年（1618）に箱根宿を開いた。

標高725m。東海道五十七の宿場では最高地点にあり、気候は寒冷で、平坦地に乏しく田畑がないので、住人の八割は宿泊業、往還稼ぎ、飛脚《ひきゃく》業、山稼ぎを生業とした。しかし泊まり客は少なく、昼食などの小休みが主なため飯盛女《めしもりおんな》も置けずに、生活は苦しく宿場の経営は困難だった。幕府は年貢の免除や伝馬《てんま》義務の軽減、さらには助郷《すけごう》、加助郷《かすけごう》も免除した。

関所を控えていたため本陣が六軒もあり、浜松宿と並び東海道では最多である。芦ノ湖や富士山を遠望し風光明媚な宿だったが、町並みはひなびて粗末な造りで、楊本や畑宿の立場にも及ばなかった。

道中記一筆：

：

：

：

：

：

：

：

：

：

：

：

：

：

：

：

：

：

：

：

献立道中記：〈味の評価：□上々　□上　□中　□下〉

名所・旧跡書留め：

脚気地蔵《かっけじぞう》

別名「親しらず地蔵」。大阪の呉服問屋・十郎兵衛は、家出したひとり息子の喜六を探しに旅立つが、突然持病の脚気に襲われ倒れてしまう。そこへ通りかかった喜六は、お金欲しさのあまり、もだえ苦しんでいる老人（十郎兵衛）を刺し殺してしまう。奪った財布の中の名札で、自分の父親であることを知った喜六は、宗閑寺で自らの命を絶った。この不運な親子のめぐり合わせに同情した村人が、二人の冥福を祈って供養碑を建て地蔵尊を祀ったという。

接待茶屋跡《せったいちゃやあと》

箱根の山越えは大変な難所だったため、江戸時代中期に箱根山金剛院の別当如実が箱根を往来する人馬の苦難を救うため、湯茶・粥・飼葉を無料で与えた。しかし資金が続かず行き詰まり、如実は江戸呉服町の豪商・加勢屋与兵衛の協力を得て幕府に継続を願い出た。その後、加勢屋は東坂の割石坂に、西坂のこの地に接待茶屋を設置したという。

雲助《くもすけ》徳利《どっくり》の墓《はか》

徳利と盃を浮き彫りにしている風変わりな墓は、西国大名の剣道指南役・松谷久四郎のもの。大酒飲みの武士だったが酒で失敗し、藩外追放の結果、箱根で雲助となった。元来、教養があり剣の腕が立つことから多くの雲助に慕われたので仲間が建てた。

宗閑寺《そうかんじ》

宗閑寺は山中城三の丸跡にあり、慶長10年（1605）に建立された。開基となったのは、家康の待女・お久の方。北条軍の副将で敵将・一柳直末《ひとつやなぎなおすえ》を討ち取り、七十三歳で戦死した間《ま》宮康俊《みややすとし》の娘である。

山中城跡《やまなかじょうあと》

永禄年間（1558～70）小田原に本拠を置く北条氏康《うじやす》が築城した山城。天正18年（1590）天下統一を目指す豊臣秀吉軍を迎え撃ったが、半日あまりで落城してしまった。空堀には北条流築城といわれる障子堀《しょうじぼり》、畝《うね》堀《ぼり》が残っている。

こわめし坂

西坂でもっとも長い急坂で、三島からはきつい上り坂となる。旅人の背負った米が汗の蒸気で蒸されて、ついに強飯のようになってしまったというのが坂の名の由来。

松雲寺《しょううんじ》

明暦2年（1656）創立の日蓮宗の寺院。徳川御三家の尾張家、紀伊家をはじめ、参勤交代で往復する西国大名や朝鮮通信使が休息する寺となり、寺本陣と呼ばれていた。

三島宿～沼津

みしま～ぬまづ

歩いた日：　□ 晴れ　□曇り　□小雨

年　月　日

スタート（時刻 / 場所）：

：

ゴール（時刻 / 場所）：

：

歩いた距離：

. km

歩いた歩数：

歩

○宿場データ：

- 本陣：2 軒
- 脇本陣：3 軒
- 問屋場：1 軒　• 総家数：1025 軒
- 人口：4048 人（男 1929 人　女 2119 人）

三島《みしま》宿

古代には伊豆の国の国府が置かれ、国分寺や国分尼寺《こくぶんにじ》があり伊豆国府と称した。三島明神が南伊豆の白浜からこの地に移転してから三島と改称。

源頼朝は三島明神を信仰し、篤く保護したため、三島は門前町として発展した。また下田街道や甲州道の起点で、物流の要所。箱根を控えていたこともあり、東海道の宿場に指定された。

箱根関所の設置や参勤交代制度により、三島は泊まり客でにぎわった。旅人は箱根八里の難所と関所を無事に通過したことを「山祝い」と称し、三島女郎《じょろう》衆《しゅう》を呼んで宴会をし、供の者には労をねぎらい祝儀をはずんだ。

宿の町並み長さは、東は大場川の新町橋から西は境川の手前の秋葉神社まで18町（約2㎞）。三島は富士山の伏流水が湧き出る水の豊富な町で、江戸時代から鰻《うなぎ》が名物だった。

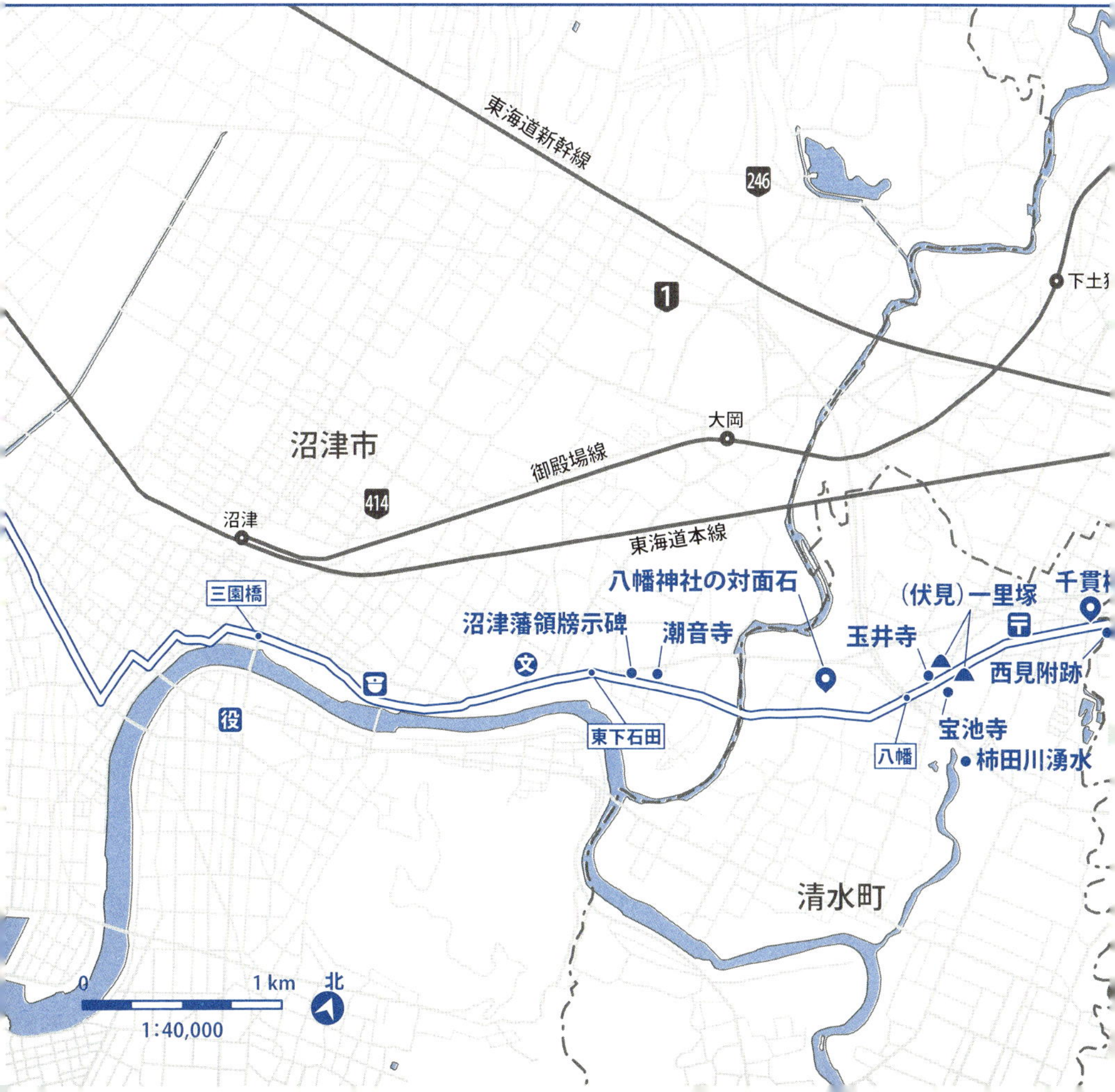

道中記一筆：

：

：

：

：

：

：

：

：

：

：

：

：

：

：

：

：

：

：

：

献立道中記：〈味の評価：□上々　□上　□中　□下〉

名所・旧跡書留め：

三嶋大社《みしまたいしゃ》

創建年代は不明だが日本書記に登場するほど古い神社で、もともと南伊豆の白浜にあったが、この地に移転された。祭神は「積羽八重事代主神《つみはやえことしろぬしのかみ》」と「大山祇命《おおやまつみのみこと》」の二神。三嶋大明神と呼ばれ、伊豆国一宮《いちのみや》として伊豆地方の信仰の中心であった。伊豆に流された源頼朝が崇敬し、治承４年（１１８０）８月の決起に際し源氏の戦勝と再興を、２ヶ月後には平家軍を迎撃するため西に向かう際に戦勝を祈願した。境内には樹齢約１２００年という金木犀《きんもくせい》（正式には薄黄木犀《うすきもくせい》）があり、国の天然記念物にもなっている。

楽寿園《らくじゅえん》

明治23年（１８９０）に小松宮別邸として建てられた楽寿館は、高床式数寄屋《すきや》造りで京風建築を取り入れた明治の代表的な建物。富士の湧水でできた小浜池を中心とした約二万三千坪の園内には自然林が広がり、１７０００年前の富士山噴火で流れ出た三島溶岩が見られる。

時の鐘《ときのかね》

三石《みついし》神社にある鐘で、時刻に従って時を告げていたといわれている。何度か改鋳《ちゅう》されており、特に大きな鐘は宝暦11年（１７６１）に鋳造された。第二次世界大戦時に供出されたが、昭和25年（１９５０）有志の手により境内に再興された。

伊豆国分寺跡《いずこくぶんじあと》

国分寺は「金光明四天王護国之寺《こんこうみょうしてんのうごこくのてら》」として、聖武天皇により天平13年（７４１）全国に建立の勅旨が下された。伊豆国分寺は昭和31年（１９５６）発掘調査され、寺域と伽藍《がらん》が推定された。塔跡は現国分寺の境内にあり、四天柱礎と側柱礎の一部が残っている。

千貫樋《せんがんとい》

伊豆と駿河の国境の境川に架かる樋。天文24年（１５５５）今川・武田・北条の和睦成立時、北条氏康《うじやす》から今川氏真《うじさね》に婚姻の引出物として楽寿園の小浜池から長堤を築き、駿河に水を引いた。これにより石高にして二百石の耕地（１３０ha）が潤った。樋は当初木造だったが関東大震災により崩壊、コンクリート製で再建された。

八幡神社の対面石《やはたじんじゃのたいめんせき》

治承４年（１１８０）10月21日、源頼朝が奥州から駆けつけた源義経と対面し、懐旧の涙を流して源氏再興を兄弟で誓ったとき、二人が腰掛けたと伝わる石が「対面石」。御殿西側に、兄弟が対面した記念の「ねじり柿」を植えたと伝えられている。この９年後に義経は頼朝と不仲となり、奥州衣川の館で自害に追い込まれた。

歩いた日：　□晴れ　□曇り　□小雨

年　月　日

スタート（時刻 / 場所）：

：

ゴール（時刻 / 場所）：

：

歩いた距離：

.　km

歩いた歩数：

歩

沼津宿～原

ぬまづ～はら

○宿場データ：

- 本陣：3 軒
- 脇本陣：1 軒
- 問屋場：1 軒　• 総家数：1234 軒
- 人口：5346 人（男 2663 人　女 2683 人）

沼津宿《ぬまづ》

沼津は駿河《するが》湾に注ぐ狩野《かの》川河口の川《かわ》湊《みなと》として古くから開けていた。戦国時代の天正10年（1582）武田信玄の子・武田勝頼《かつより》が北条氏に備えて築いた三枚橋城の城下町となり、地名を三枚橋と改称。東海道が制定されて三枚橋宿となったが、元禄の頃に沼津へ戻った。沼津宿の町並みは川廓通りから西へ14町（約1・5㎞）の長さだった。

江戸時代になると狩野川の沼津湊から江戸へ年貢米や竹木類が積み出された。また江尻（現＝清水）や吉田（現＝豊橋）との航路が開かれた。沼津は鰹《かつお》漁が盛んで、鰹節の生産は日本一だった。

沼津藩は明治維新後、徳川家達《いえさと》の駿府移住により静岡藩領に編入され、沼津城内に沼津兵学校が開設され、有能な人材を送り出した。明治4年の廃藩置県により兵学校は廃校。安永6年（1777）に水野忠友《ただとも》が築城した沼津城も廃城になり、本丸跡が現在の中央公園となった。

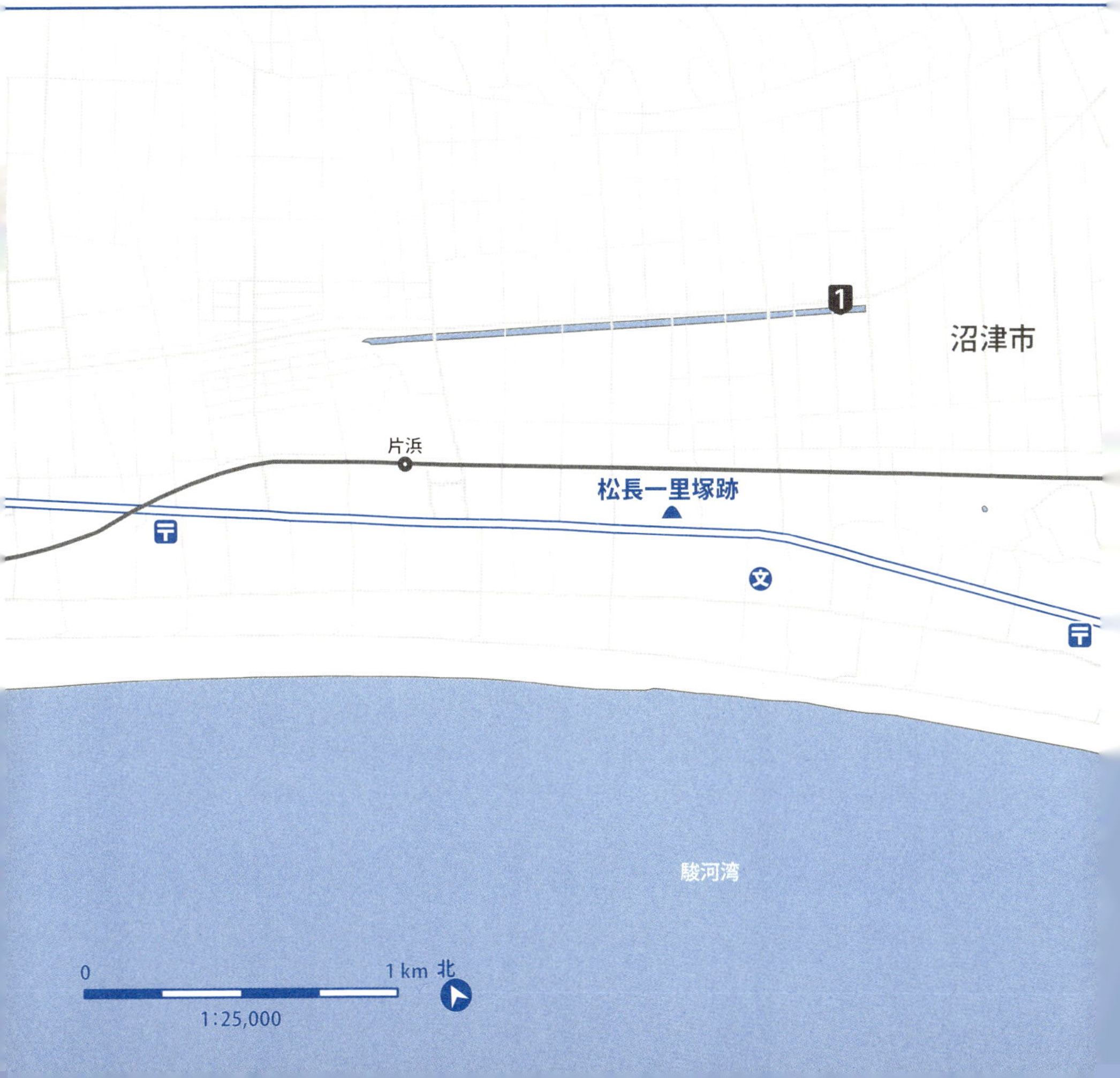

道中記一筆：

:

:

:

:

:

:

:

:

:

:

:

:

:

:

:

:

:

:

:

献立道中記：〈味の評価：□上々　□上　□中　□下〉

名所・旧跡書留め：

沼津城跡《ぬまづじょうあと》

安永6年（1777）水野忠友が二万石の沼津藩初代藩主となり、幕命で沼津城を築城した。城内は本丸・二の丸・三の丸に分かれ、東南隅と北西隅には二重櫓《やぐら》が建ち、本丸には天守代わりの三重櫓が建っていた。二代目・水野忠成《ただあきら》は十一代将軍・家斉《いえなり》の支持もあり、文政元年（1818）老中となり五万石に加増された。幕府の財政を立て直す一方、賄賂政治で権勢を振るった。

三枚橋城外堀石垣跡《さんまいばしじょうそとぼりいしがきあと》

築城時期は天正5年（1577）に武田勝頼が築城したという説と、信玄生存中の元亀元年（1570）には既に築城されていたという説がある。現在では後者が有力で、同城の城主として高坂《こうさか》源五郎が名高い。慶長19年（1614）に廃城となるが、外堀石垣の一部が復元展示されている。

千本山乗運寺《せんぼんざんじょううんじ》

戦国時代の天文6年（1537）増《ぞう》誉《よ》上人《しょうにん》（長円《ちょうえん》）が開基となり創建された。増誉上人は知恩《ちおん》院で修行。その後、諸国行脚で沼津に来た際、塩害で作物の生育が悪く農民が困窮しているのを見て、念仏を唱えながら海岸に砂防林の松を植えた。農民が上人に感謝して建てた庵が、寺の始まりである。

千本浜合戦首塚《せんぼんはまかっせんくびづか》

明治33年（1900）5月、暴風雨の際、倒れた松の根元から多数の人骨が発見された。これを弔ったのがこの千本浜合戦首塚。人骨は天正8年（1580）武田と北条が戦った千本浜合戦の戦死者である。千本松原の本光寺に隣接した北側西隅にある。

千本松原《せんぼんまつばら》

増誉上人が植えた千本の松は、40年後の天正8年（1580）武田勝頼が北条氏と千本浜で戦ったとき、勝頼によって切り倒された。八十九歳の増誉上人は農民たちに「再び昔の松林が見たい」と言い残し、この年亡くなった。農民たちは上人の遺志を継いで再び松を植林した。約350年後の大正15年（1926）大樹に育った松を切り資材に使おうとする動きが出た際も、若山牧水が松原の保存運動を展開し、伐採は中止された。

六代松の碑《ろくだいまつのひ》

六代とは平家六代目を継ぐ御曹司のことで、三位中将・平維盛《たいらのこれもり》の息子にあたる。源頼朝の家来・北条時政により捕らえられ、千本松原で処刑される際、文覚《もんがく》上人の命乞いにより赦免となったが、その後文覚上人の謀叛に連なり処刑された。この処刑で平家の血筋は途絶えた。従者が六代の首を千本松原の松の根元に埋め、弔ったと伝えられる。この松を「六代松」と称したが枯死したので、天保12年（1841）枯れた松の傍らに記念碑が建てられた。

歩いた日：　□ 晴れ　□曇り　□小雨

年　月　日

スタート（時刻 / 場所）：

：

ゴール（時刻 / 場所）：

：

歩いた距離：

.　km

歩いた歩数：

歩

原宿～吉原

はら～よしわら

○宿場データ：

- 本陣：1 軒
- 脇本陣：1 軒
- 問屋場：2 軒　• 総家数：398 軒
- 人口：1939 人（男 957 人　女 984 人）※

※合計合わず

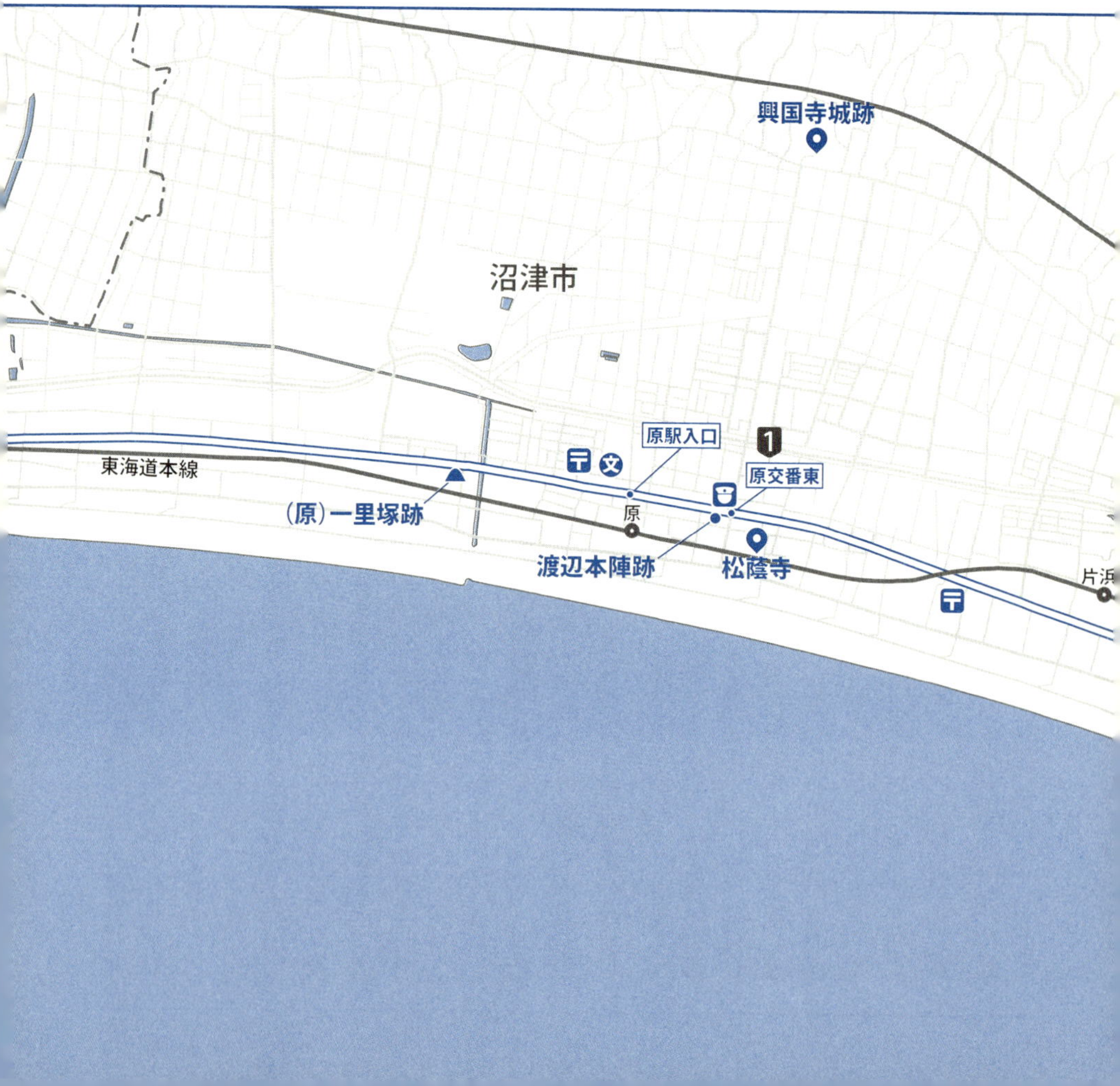

原《はら》宿

「原」の地名は、この地の山側にあった浮島《うきしま》沼を中心とした広大な湿地帯だった浮島ヶ原に由来する。その浮島ヶ原と海岸に挟まれた一本道にある宿場。

高波の被害で慶長14年（１６０９）に現在の地に移転。原は特に産業もなく、住民は浮島ヶ原から海へ放水路を開削し新田開発に努めた。植田新田、助兵衛《すけべえ》新田、一本松新田など、その名が残る。天保９年（１８３８）と天保13年の大火で脇本陣・旅籠《はたご》の多くが焼失。以後再建されなかった。

原は臨済宗中興の祖といわれた白隠《はくいん》禅師《ぜんじ》が生まれ没した地なので「駿河には過ぎたるものが二つある。富士のお山と原の白隠」と謳われた。雄大な富士山が眺められる地としても人気があった。

江戸時代の名物は浮島沼で獲れる鰻《うなぎ》の蒲焼。特に原と吉原の間にあった「間《あい》の宿《しゅく》 柏原《かしわばら》」の鰻《うなぎ》はよく知られていた。

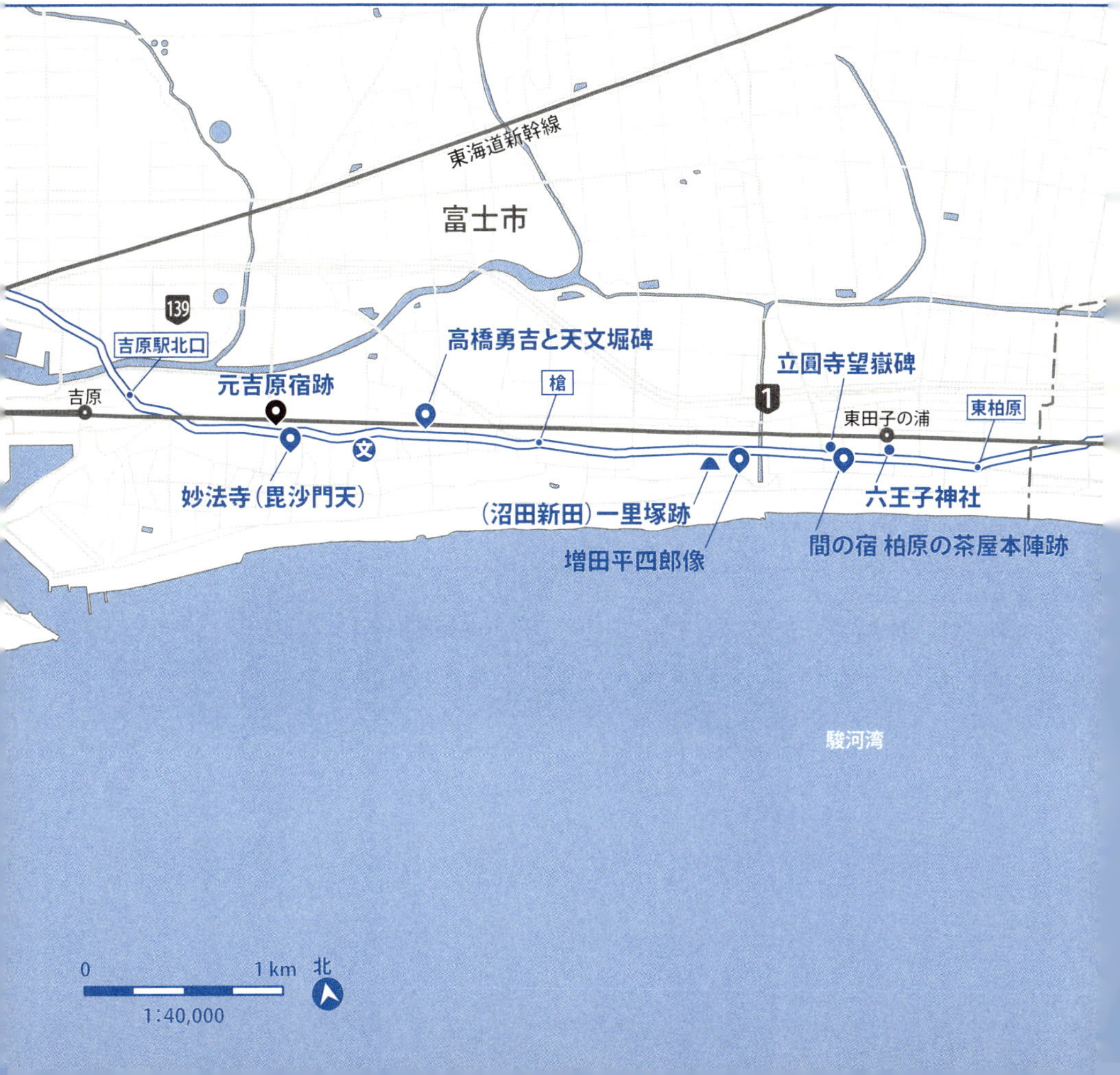

道中記一筆：

：

：

：

：

：

：

：

：

：

：

：

：

：

：

：

：

：

：

：

献立道中記：〈味の評価：□上々　□上　□中　□下〉

名所・旧跡書留め：

興国寺《こうこくじ》城跡《じょうあと》

北条早雲《そううん》の旗揚げの城。早雲は長享２年（１４８８）頃、今川氏《うじ》親《ちか》より富士郡下方十二郷を与えられ、興国寺城主となった。その後、戦国大名の争いの中で、今川氏、北条氏、武田氏、豊臣氏、徳川氏の属城となる。慶長６年（１６０１）徳川家家臣の天野三郎兵衛康景《やすかげ》が一万石を領し城主となるが、罪を犯した家臣の引き渡しを拒み小田原西念寺に蟄居したため、慶長12年（１６０７）廃城になった。

松蔭寺《しょういんじ》

享保２年（１７１７）白隠禅師《はくいんぜんじ》が住職となり、臨済宗を中興したことで全国に知れ渡った。十五歳で剃髪し「慧鶴《えかく》」となったのち、各地で修行して三十二歳で松蔭寺に戻った。境内にある墓は県指定史跡。

間《あい》の宿《しゅく》　柏原《かしわばら》の茶屋《ちゃや》本陣跡《ほんじんあと》

柏原には大きな立場があり間の宿と呼ばれた。名物は浮島沼で獲れる鰻《うなぎ》。現在は茶屋本陣跡の碑があるのみ。

増田《ますだ》平四郎《へいしろう》像《ぞう》

増田平四郎は度重なる水害から村民を救済するため、浮島沼の大干拓を計画し、明治２年（１８６９）に全長５０５m、幅７mの水干《すいほし》といわれる放水路を完成させた。

高橋勇吉《たかはしゆうきち》と天文堀碑《てんもんぼりひ》

80haに及ぶ水田を水害から守るために、排水用の堀を天保７年（１８３６）から14年の歳月をかけて完成させた人物。勇吉は天文の知識や土木技術に優れていたので、村人はこの堀を「天文堀」と呼んだ。

妙法寺《みょうほうじ》（毘沙門天《びしゃもんてん》）

開創は寛永４年（１６２７）の日蓮宗のお寺。延宝８年（１６８０）の台風の高潮で宿場とともに流されたが、元禄10年（１６９７）この地に再建された。家康側室・お玉の方（水戸藩祖頼房《よりふさ》の母）や紀州藩祖の頼宣《よりのぶ》も信仰したという。江戸時代中期から始まったとされる旧暦正月７～９日に行われる毘沙門《びしゃもん》天大祭の「だるま市」は高崎、深大寺《じんだいじ》とともに日本三大だるま市として知られる。

元吉原《もとよしわら》宿跡《じゅくあと》

東海道が制定された当初、吉原宿は妙法寺（毘沙門天）からその先のＪＲ踏切を桝形状に渡るあたりにあった。ここを元吉原と呼ぶ。寛永16年（１６３９）大津波で宿場が破壊され、２km先にあった依田一里塚（34里目）の先に移転し、中吉原と呼ばれた。しかし中吉原も41年後の延宝８年（１６８０）の大津波で壊滅的被害を受け、翌年の天和元年（１６８１）さらにその先にある現在の吉原本町に移転した。当時は新吉原と呼ばれた。

歩いた日：　□ 晴れ　□曇り　□小雨

年　月　日

スタート（時刻 / 場所）：

：

ゴール（時刻 / 場所）：

：

歩いた距離：

.　km

歩いた歩数：

歩

吉原宿～蒲原

よしわら～かんばら

○宿場データ：

- 本陣：2 軒
- 脇本陣：3 軒
- 問屋場：2 軒　• 総家数：653 軒
- 人口：2832 人（男 1328 人　女 1504 人）

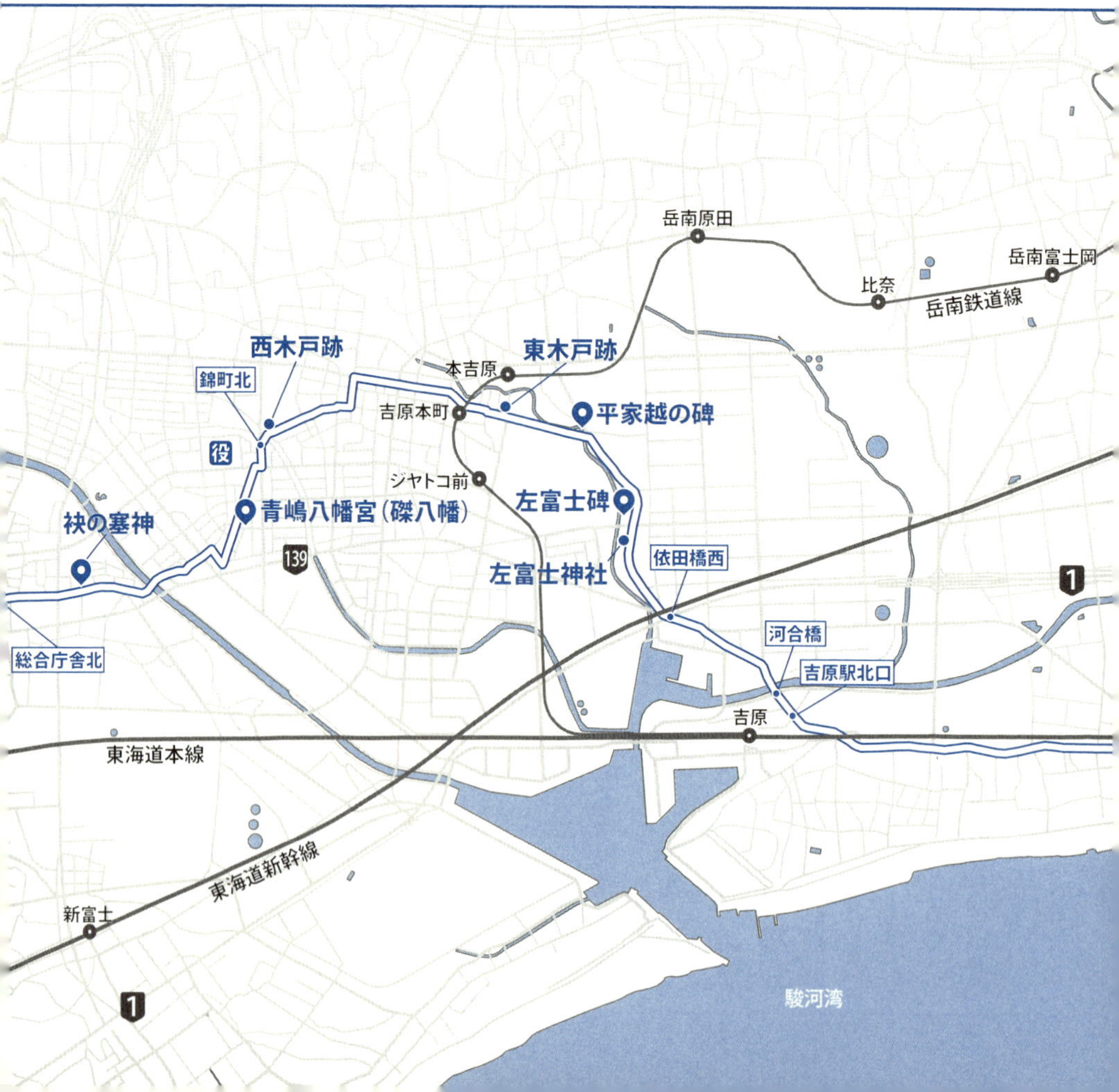

吉原宿《よしわら》

原から吉原まで東西13㎞、南北2㎞の広大な沼地があったので「葦《よし》の茂った原」から吉原と名付けられたと伝わる。吉原宿は開設から約80年の間に度かさなる津波や高潮の被害に遭い、二度所替えをした。そのため東海道は大きく北へ迂回することになり、右手に見えていた富士山が左手に見えるようになり、「左《ひだり》富《ふ》士《じ》」と呼ばれる景勝地となった。

移転後の吉原宿の町並み長さは東西1町10間（約1・3㎞）。旅の案内書に「名は同じけれど江戸の吉原とは雲泥の違いにて、女の風もいとひなめきたり」と吉原宿のひなびた様子を書いている。

江戸時代の吉原は駿河《するが》半紙の産地だった。明治23年、富士製紙工場が設立され、近代製紙業の町へと変わった。吉原の町並みも近代化され、昔の面影は残っていないが、江戸時代から営業している「鯛屋旅館」がたった一軒残っている。

道中記一筆：

：

：

：

：

：

：

：

：

：

：

：

：

：

：

：

：

：

：

：

献立道中記：〈味の評価：□上々　□上　□中　□下〉

名所・旧跡書留め：

左《ひだり》富士《ふじ》碑《ひ》

東海道を江戸から京都へ旅する際、いつも右手に見える富士山を、左側に仰ぐことができる場所が、吉原の沼川を過ぎたあたり。これは道が大きく北へ向かって曲がっているためで、「左富士」と呼ばれた。歌川広重の保永堂版『東海道五拾三次』の「吉原左富士」で有名になり、名勝となった。

平家越《へいけこえ》の碑《ひ》

治承4年（1180）源平の富士川の合戦の際、近くの沼にいた水鳥が一斉に飛び立った。その羽音を源氏の夜襲と勘違いした平家軍は逃走したという。

青嶋八幡宮《あおしまはちまんぐう》（磔八幡《はりつけはちまん》）

延宝8年（1680）、中吉原にあった宿場町は大津波で壊滅的被害を被っていた。そんな折、幕府は検地を強行。名主・川口市郎兵衛が拒否すると、幕府は彼を磔にした。村人は悲しんだが、公には幕府の罪人であるため、密かに川口家の屋敷神である八幡社に祀った。82年後の十代将軍・家治《いえはる》の頃に赦免され、村人は八幡社を磔八幡と呼び、手厚く祀った。

袂《たもと》の塞神《さいのかみ》

塞神とは集落を守るため村の入り口に祀られる道祖神のこと。笏《しゃく》を持つ像だが年号などの刻銘はなく、江戸後期のものと思われる。

間《あい》の宿《しゅく》　本市場《もといちば》

本市場村は富士川を控えていたので、茶屋が建ち並びにぎわっていた。ここから富士登山大宮口に至る道があった。名物は白酒。

鶴芝《つるしば》の碑《ひ》

ここから眺める雪の富士山は美しく、山腹の雪の形が一羽の鶴が舞っているように見えたことから、鶴芝と呼ばれていた。文政3年（1820）、この奇景を京都の画家・蘆州《ろしゅう》が絵に描き、これに江戸の学者・亀田鵬斎《ぼうさい》が詩文を添えて鶴の茶屋前に碑を建てた。

雁堤《かりがねつつみ》

全長2・7kmに及び、上から見た堤の形が、雁が連なって飛ぶ様子に似ていることから雁堤と呼ばれている。江戸時代初期の富士川の河口部はたびたび洪水を起こしていた。駿河代官・古《ふる》郡《ごおり》重高、重政、重年の親子三代が、50年の歳月を要して広大な遊水地を持つ堤を築いた。以来400年あまり一度も決壊せず、下流域は洪水から救われ、五千石の新田が開発された。

富士川渡船場跡《ふじがわとせんばあと》

慶長7年（1602）東海道で富士川渡船が開始された。東岸には川沿い20町（約2・1km）の間に上船居《かみふない》・中《なか》船居・下《しも》船居の三ヶ所に渡船場が置かれ、川瀬の状況で使い分けられた。

歩いた日：　□晴れ　□曇り　□小雨

年　月　日

スタート（時刻 / 場所）：

：

ゴール（時刻 / 場所）：

：

歩いた距離：

.　km

歩いた歩数：

歩

蒲原宿～由比《かんばら～ゆい》

○宿場データ：

- 本陣：1 軒
- 脇本陣：3 軒
- 問屋場：1 軒　• 総家数：509 軒
- 人口：2480 人（男 1251 人　女 1229 人）

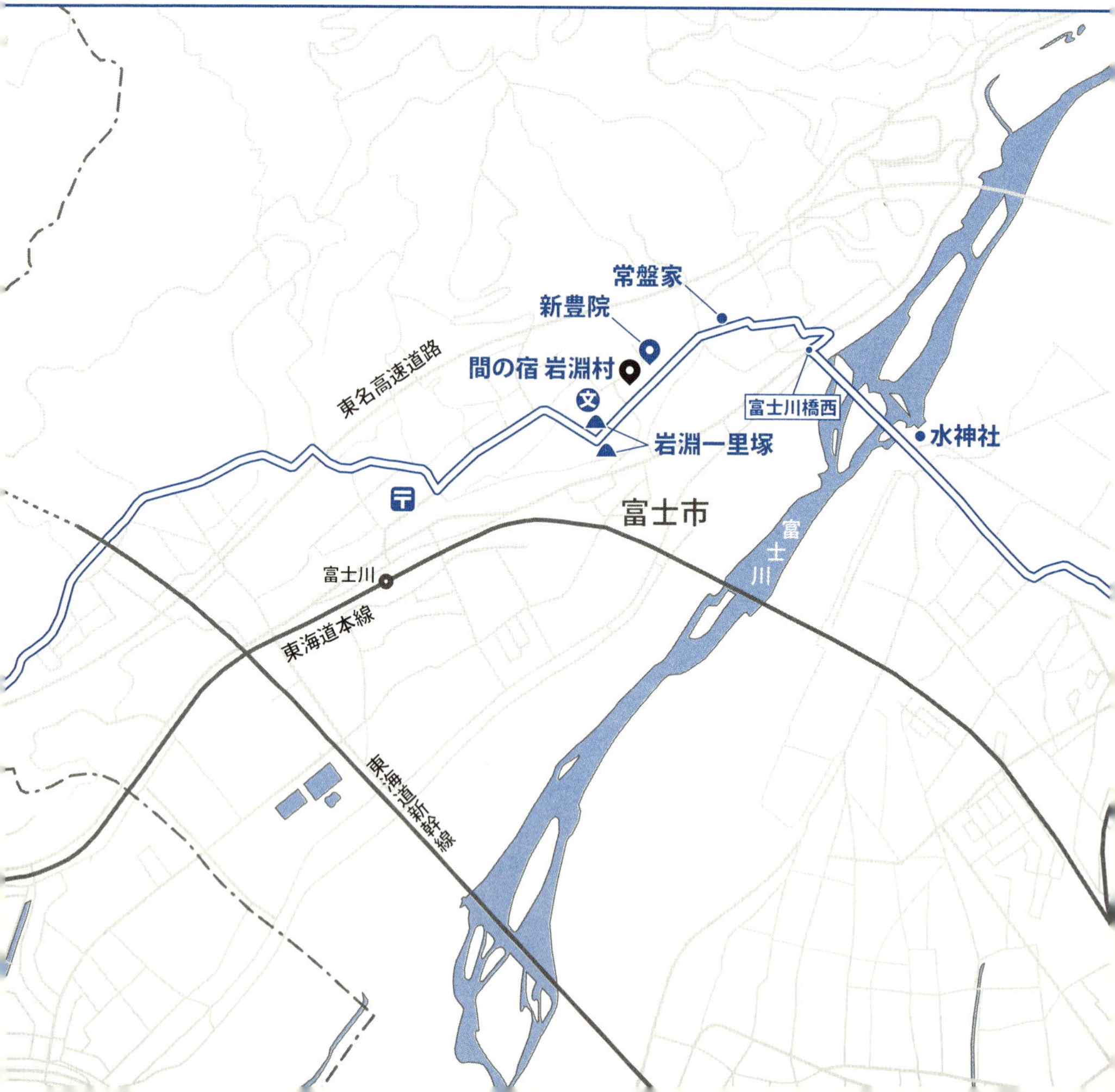

蒲原《かんばら》宿

蒲原は古くから交通の要衝で駿河《するが》の国に設置された六駅のひとつで中世にはすでに宿があった。戦国時代には北条氏の蒲原城があったが、武田信玄に攻め落とされた。天正3年（1575）長篠の戦いで武田軍を破った家康はその勢いで蒲原城を落とした。武田が滅ぶと駿河は家康の領地となった。

宿設立当時は、JR東海道線の南（海側）にあった。駿河湾に面し、富士川の河口に近かったこともあり元禄12年（1699）の大津波で宿場は壊滅し、2年後に山寄りの現在地へ所替えした。

富士川の川留《かわどめ》の際はにぎわい、甲州・信州方面の年貢米や塩の輸送基地としても栄えた。諏訪《すわ》神社の門前に常夜燈があり、ここが東木戸跡。西木戸まで蒲原宿の町並み長さは14町33間半（約1・6㎞）。蒲原は江戸後期の土蔵造りの町屋、連子《れんじ》格子《こうし》の旅籠《はたご》や、明治・大正時代の建物も保存され、宿場の雰囲気を感じる。

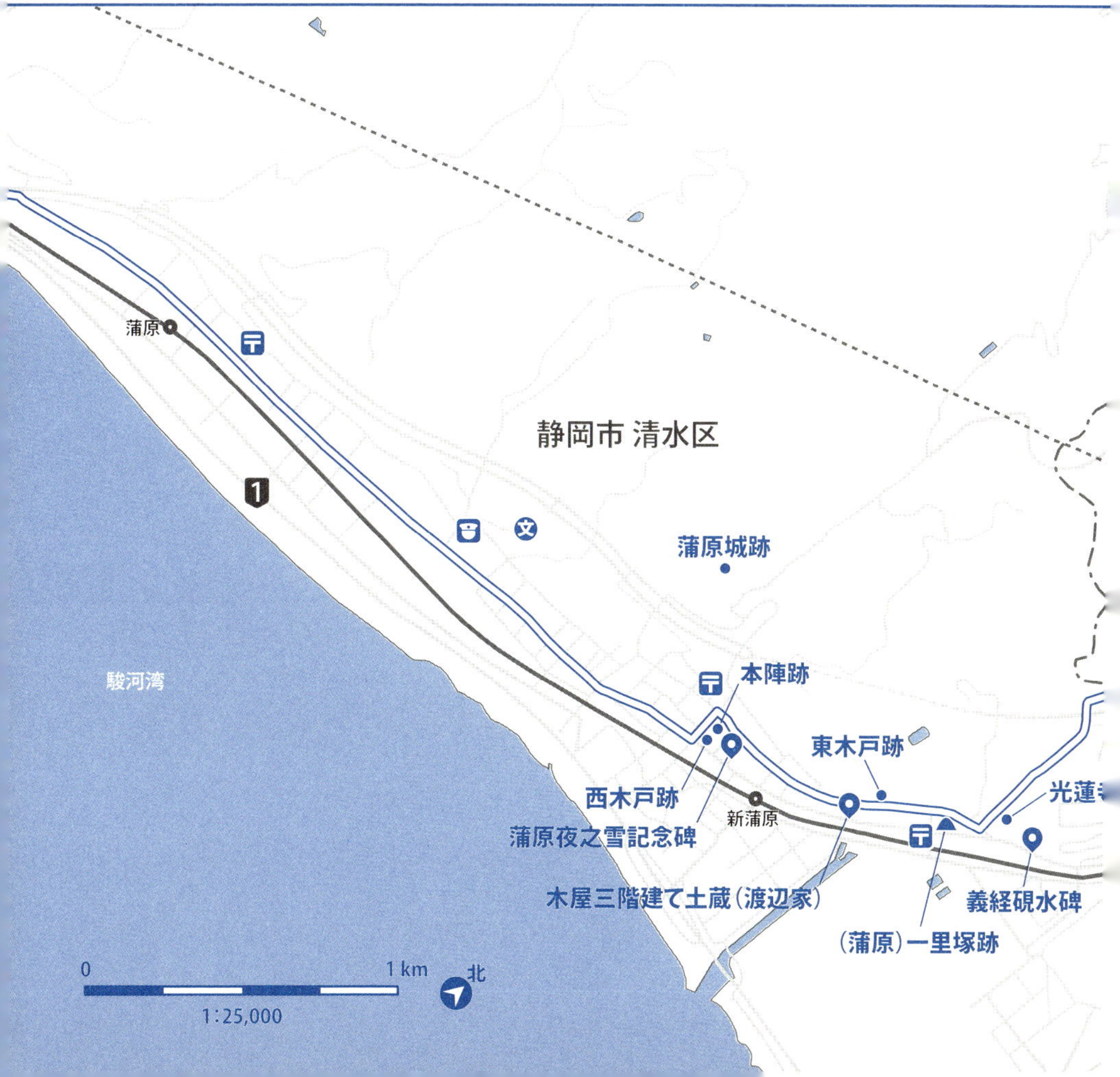

道中記一筆：

：

：

：

：

：

：

：

：

：

：

：

：

：

：

：

：

：

：

：

献立道中記：〈味の評価：□上々　□上　□中　□下〉

名所・旧跡書留め：

新豊院《しんぽういん》

間の宿岩淵村とともに栄え、約800年の歴史を持つ曹洞宗の寺院。布の大観音が有名。大正13年（1924）富士川町出身の大村西崖《せいがい》が縦40m・横17mの大布に巨大な観音像を描いた。小学校の校庭に布を広げ、桐の木を焼いた炭で下絵を描き、大勢の人が見守る中、一気に書き上げたといわれる。

間《あい》の宿《しゅく》　岩淵村《いわぶちむら》

岩淵村は富士川渡船を控え、準備をする一時休憩でにぎわった間の宿だった。当初は富士川沿いの旧東海道にあったが、たびたびの水害と宝永4年（1707）の大地震と富士山噴火を機に、東海道の付替えとともに現在の高台へ移転した。小休《こやすみ》本陣常盤《ときわ》邸は岩淵村の名主と渡船名主で、地元では西本陣と呼ばれた。

岩淵《いわぶち》一里塚《いちりづか》

日本橋から37里目。この前の本市場一里塚は35里目なので本来なら36里目だが、富士川の渡しに36里目を仮定して、岩淵一里塚は37里日と調整している。東側の榎《えのき》は二代目で、西側の榎は江戸期からのものと推定される。この付近には名物「栗の粉餅」を売る立場茶屋が並んでいた。

義経《よしつね》硯水《すずりみず》碑《ひ》

五基ある五輪塔の墓は蒲原《かんばら》氏四代・範秀《のりひで》が平安末期の応保2年（1162）に造った。義経硯水には次のような話が残っている。承安4年（1174）十五歳の義経が京都鞍馬《くらま》から奥州に行く途中、風雨で海が荒れ蒲原の吹上浜に上陸し、蒲原氏の館に泊まった。蒲原木之内神社に奉納する祈願文と、恋人の浄瑠璃《じょうるり》姫に文を書くときに、硯水にここの湧き水を使ったことから、義経硯水といわれるようになった。文を見た姫は義経を追うが、蒲原で病に倒れ、この地で亡くなったと伝わる。

木屋《きや》三階建《さんかいだ》て土蔵《どぞう》（渡辺家《わたなべけ》）

木屋の屋号を持つ渡辺家は富士川舟運を利用した木材商。江戸後期に蒲原宿の問屋《といや》を務め、天保の飢饉では蒲原宿の住民を施金や施米で救い、三島宿の再建にも尽くした旧家である。この土蔵は飢饉で疲弊した農民を建設工事に雇い、百八十三両と3年をかけて天保10年（1839）に完成した。三階建ての文書蔵で「四方具《しほうよろび》」という柱組が施されており、当時の耐震構造となっていた。安政の東海大地震で建物の大半は全壊したが、この土蔵だけが無傷で耐えた。

蒲原夜之雪記念碑《かんばらよるのゆききねんひ》

広重が描いた保永堂版『東海道五拾三次』の中でも傑作とされる『蒲原夜之雪』の記念碑がある。これは昭和35年（1960）この絵が国際文通週間の切手に採用されたのを機に建てられた。

歩いた日：　□ 晴れ　□曇り　□小雨

年　月　日

スタート（時刻 / 場所）：

：

ゴール（時刻 / 場所）：

：

歩いた距離：

.　km

歩いた歩数：

歩

由比宿〜興津

ゆい〜おきつ

○宿場データ：

- 本陣：1 軒
- 脇本陣：1 軒
- 問屋場：2 軒　• 総家数：160 軒
- 人口：713 人（男 356 人　女 351 人）※

※合計合わず

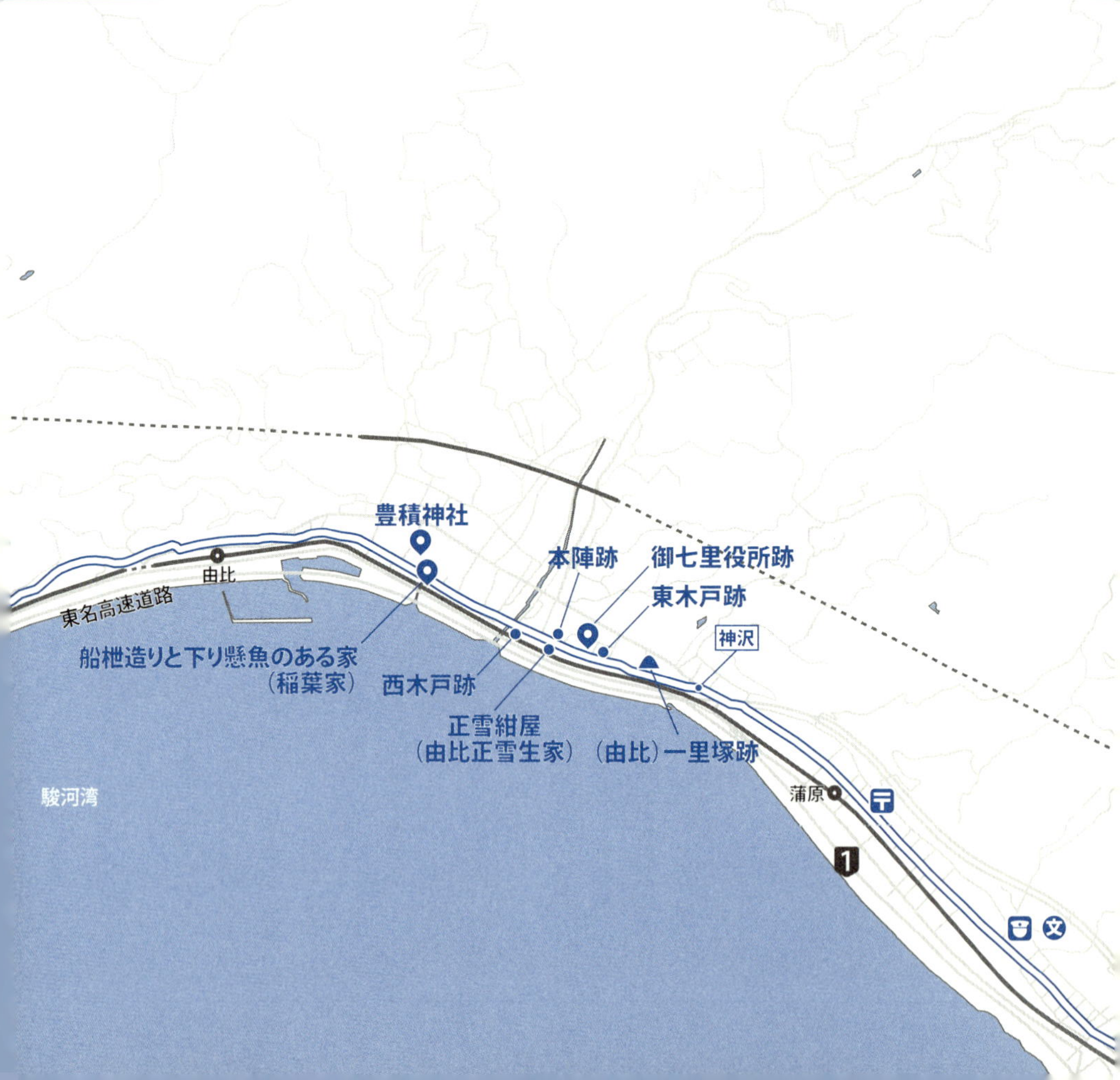

由《ゆ》比《い》宿

広重の保永堂版『東海道五拾三次』の題字にあるとおり、「由井《ゆい》」とも書く。鎌倉時代からの宿場で、源頼朝から恩賞として由比地方を与えられた大宅光延の子孫が由井氏を名乗り支配した。山と海に挟まれた街道沿いの村で、漁業と製塩業を生業とした。由比から東金沢の海岸では、女が塩を汲んで塩竈《しおがま》へ移したり、海女《あま》が貝を採ったりする風景が見られたという。

宿の町並み長さは5町半（約600m）と短く、人口も七百人ほどで、東海道にある宿場の中でも小さな宿場だった。東西の見附は枡形《ますがた》構造で、東木戸跡にその形状をとどめている。

由比は現在も小さな町で古い家が残り、宿場の面影を残した静かな落ち着いた町並みである。現在は桜えびやシラス干が名産だが、桜えび漁は明治中期以降に始まった。

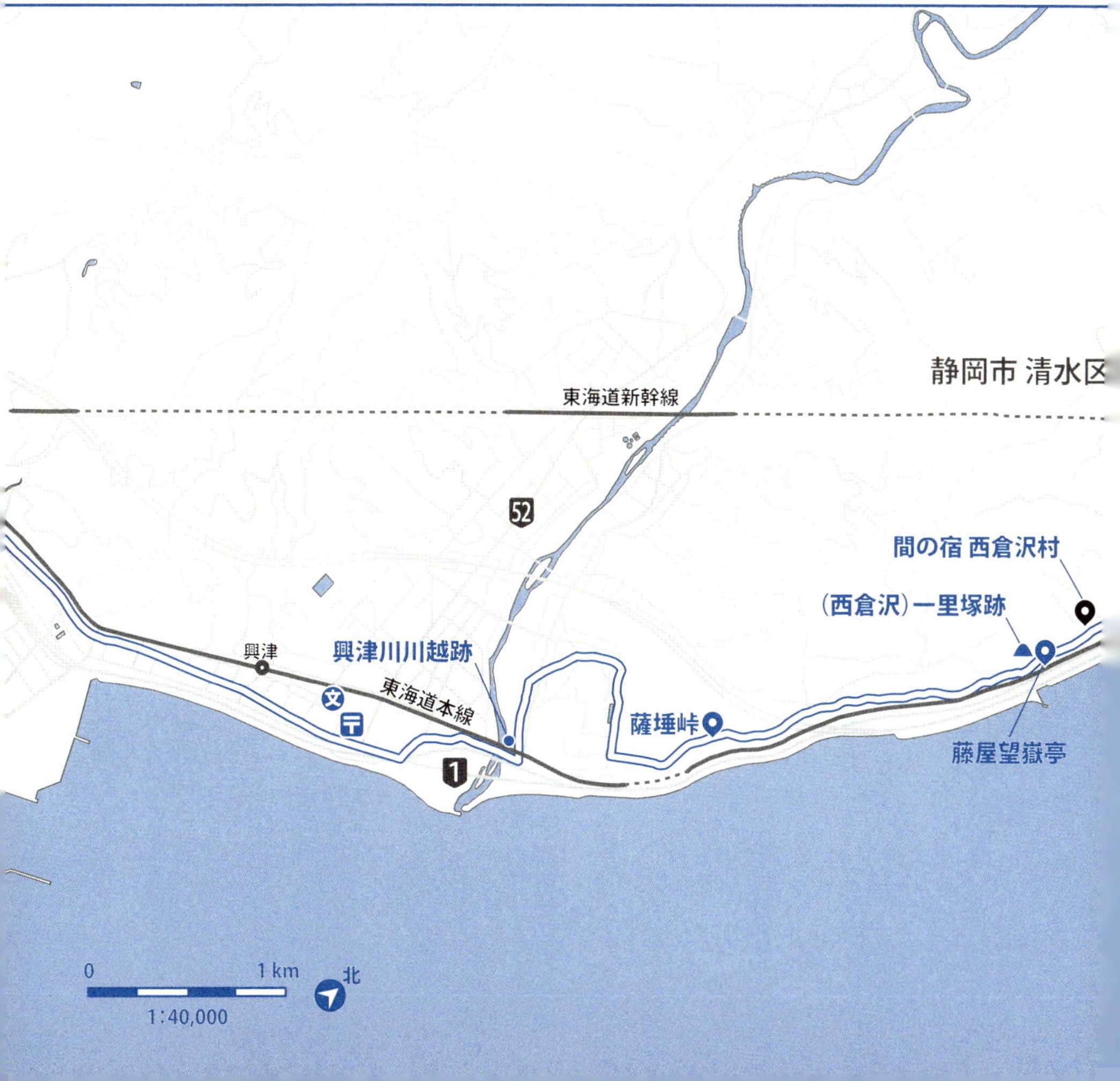

道中記一筆：

：

：

：

：

：

：

：

：

：

：

：

：

：

：

：

：

：

：

：

献立道中記：〈味の評価：□上々　□上　□中　□下〉

名所・旧跡書留め：

御七里役所跡《おしちりやくしょあと》

紀州徳川家の飛脚の中継所跡である。同家では江戸～和歌山間（584km）の約7里（28km）ごとに中継役所を置き、五人一組の飛脚を配置し、その中継所を御七里役所と呼んだ。普通便は毎月三回、江戸は5の日、和歌山は10の日に出発、道中8日を要した。

船枻《せがい》造《づく》りと下《くだ》り懸魚《げぎょ》のある家《いえ》（稲葉家《いなばけ》）

船枻造りとは軒先の長い屋根と、それを支える腕木《うでき》と垂木《たるき》に特徴ある民家の造りである。下り懸魚とは、桁《けた》の両端を風雨から守るために付けた雲形の板をいう。稲葉家の下り懸魚は花鳥を彫った豪華なもの。

豊積神社《とよつみじんじゃ》

7世紀終わり頃、五穀の神・豊《とよ》受《うけ》姫を祀ったのが豊積神社の始まりといわれる。延暦16年（797）坂上《さかのうえの》田村麻呂《たむらまろ》が東征に向かう途中、豊積神社に戦勝祈願した。帰路に戦勝報告に寄ったのがちょうど正月1日だったので、盛大な戦勝祝賀の宴が催され、大太鼓が二晩繰り出された。これが、現在も続く「お太鼓祭り」で静岡県無形民俗文化財となっている。

間《あい》の宿《しゅく》　西倉沢村《にしくらさわむら》

西倉沢村は薩埵《さった》峠の東坂登り口を控えており、由比宿と興津宿の間の宿と呼ばれていた。当時は茶屋が十軒ほど並び、茶屋本陣・脇本陣があった。川島家は代々西倉沢村の名主を務め、慶長から天保時代の230年間茶屋本陣を務めた。

藤屋望嶽亭《ふじやぼうがくてい》

富士山の眺めがよかったので望嶽亭とも呼ばれた茶店。幕末の戊辰戦争にまつわる話が伝わっている。慶応4年（1868）、幕府の密命を帯びた山岡鉄舟は、府中まで攻めてきた官軍参謀・西郷隆盛との江戸城無血開城交渉に赴いた。道中の薩埵峠で官軍に追われた山岡は、望嶽亭にかくまってもらう。主人の藤屋七郎兵衛は山岡を漁師に変装させ、清水次郎長宅へ。次郎長は山岡を府中へ案内し、府中宿伝馬町の旅籠・松崎屋で西郷と会談することができたという。

薩埵《さった》峠《とうげ》

薩埵山はもともと岩城《いわき》山と呼ばれていたが、倉沢の海から漁師に引上げられた地蔵菩薩を祀ったことからこの名がついた。広重の保永堂版『東海道五拾三次　由井』はこの薩埵峠からの風景を描いている。薩埵山は海に突き出した山なので、初期の東海道は山と海岸の間のわずかな平地を、波間を縫って通り抜けなければならない難所だった。明暦元年（1655）薩埵山の中腹に、天和2年（1682）にはさらにその上に道が付けられた。

興津宿〜江尻

おきつ〜えじり

歩いた日：　□ 晴れ　□曇り　□小雨

年　月　日

スタート（時刻 / 場所）：

:

ゴール（時刻 / 場所）：

:

歩いた距離：

.　km

歩いた歩数：

歩

○宿場データ：

- 本陣：2 軒
- 脇本陣：2 軒
- 問屋場：1 軒　• 総家数：316 軒
- 人口：1668 人（男 809 人　女 859 人）

興津《おきつ》宿

興津は薩埵《さった》山、清見寺山が駿河湾に迫り交通の難所だったので、坂東《ばんどう》（関東）から北の備えとして中世には関所（清見関）が置かれ宿駅があった。また身延《みのぶ》山へ向かう身延道との追分《おいわけ》があり、交通の要衝でもあったので慶長6年（1601）東海道の宿場となった。宿の町並みは、東は身延道標あたりから西へ10町55間（1・2㎞）の長さだった。

海岸一帯では製塩業が盛んだったので、身延道は日蓮宗総本山の久遠寺《くおんじ》への参詣ばかりでなく、甲府や信州への塩の道でもあった。江戸中期には興津川流域で和紙の生産がはじまり、駿河和紙として興津はその集散地として栄えた。

名物は興津の海で獲れる甘鯛。興津鯛と呼ばれ、家康の大好物であった。また興津川の鮎の塩焼きも有名。清見寺門前の東海道筋にあった「藤の丸膏薬《まるこうやく》」の万能膏薬は美少年が着飾って並んで売り、男色の相手もしたので人気があった。

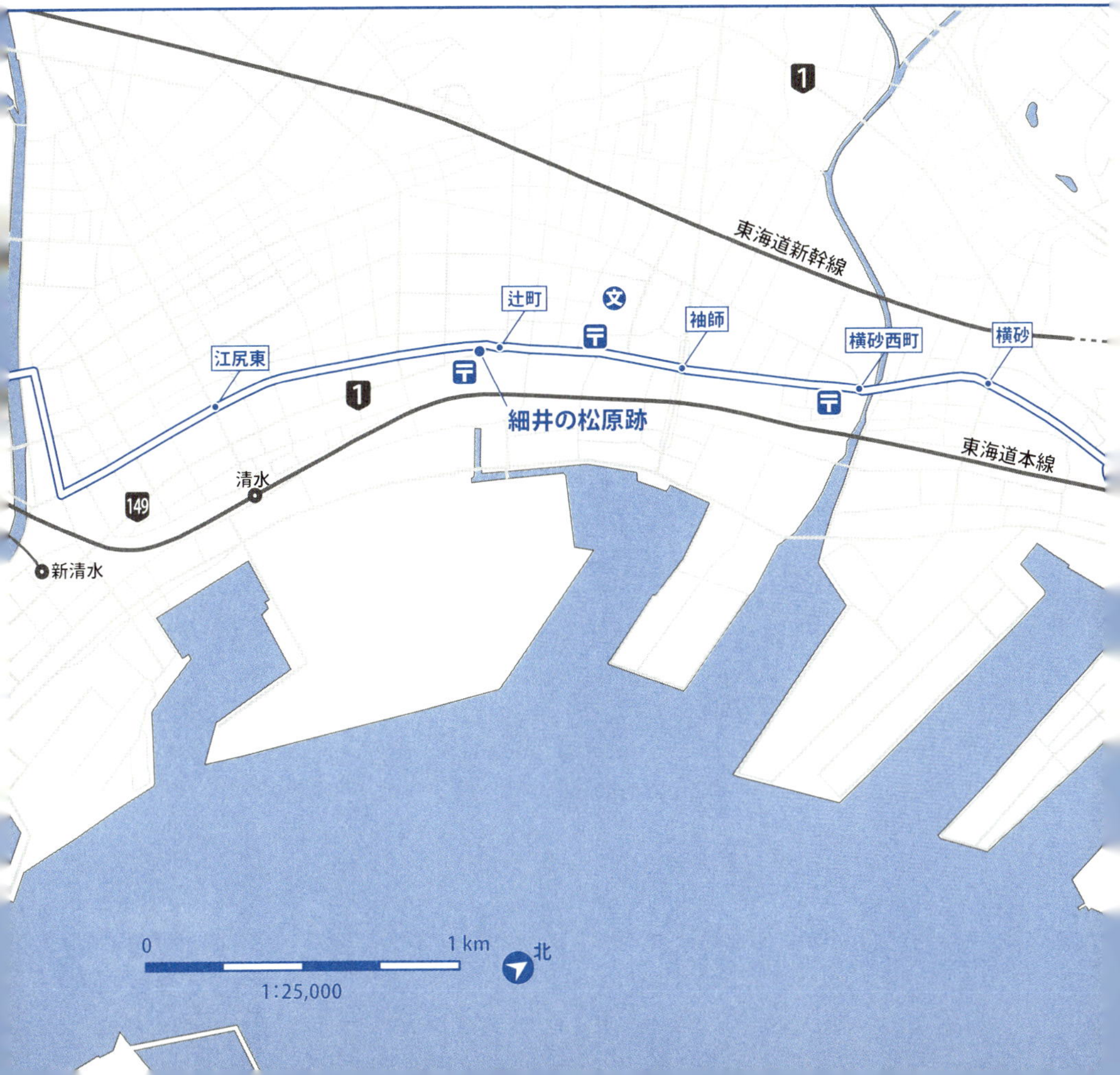

道中記一筆：

：

：

：

：

：

：

：

：

：

：

：

：

：

：

：

：

：

：

：

献立道中記：〈味の評価：□上々　□上　□中　□下〉

名所・旧跡書留め：

興津《おきつ》川《がわ》川越《かわごし》跡《あと》

江戸時代の川幅は25間（45m）あまり。興津川は徒渡《かち》しだったが、水かさが減る冬場の10月下旬から3月5日までは仮の橋が架けられ、無賃で渡れた。両岸に川会所《かわかいしょ》があり、旅人は川札《かわふだ》を買って、人足の肩車や蓮《れん》台《だい》に乗り川を越えた。川札はその日の水深により値段が異なり、水深4尺5寸（約1・4m）を越えると川《かわ》留《どめ》となった。広重の保永堂版『東海道五拾三次　興津』は興津川の徒渡しの様子を描いている。

宗像《むなかた》神社《じんじゃ》

平安中期に創建されたと伝わる。海上航海の守護神である宗像神社の興津宮《おきつのみや》を勧請したもので、興津の地名の起こりともいわれる。江戸時代には弁天信仰と結びつき、境内の池は弁天池、森は「女体の森」と呼ばれ、漁師の灯台の役目をしていた。

身延《みのぶ》道標《どうひょう》

江戸時代、駿河と甲斐を結ぶ身延道との追分《おいわけ》に石塔寺があった。明治時代になって廃寺になり、この身延道標と髭題目《ひげだいもく》碑が残った。このあたりから興津宿の入り口となる。

脇本陣《わきほんじん》水口屋《みなくちや》跡《あと》

江戸時代には興津宿の脇本陣として旅籠《はたご》を営み、明治以降は皇族、政治家、財界人、小説家、画家など、各界著名人の別荘旅館として有名になった。現在は、「水口屋ギャラリー」として当時の資料を展示している。

清見寺《せいけんじ》

白鳳年間に清見関《きよみがせき》が設けられたとき、その守護として仏堂が建立されたのが始まりといわれる。本尊は観音菩薩。江戸時代は東海道筋の名刹として知られた。徳川家康は今川氏の人質として駿府にいた幼少時、この寺の住職太原《たいげん》和尚（第一世）より教育を受けたため「家康公手習《てならい》之間《のま》」がある。前庭にある臥龍梅《がりゅうばい》は、昔を懐かしんだ家康が訪れた際に接木したもの。寺から眺める清見潟は絶景をうたわれたが、東海道線の開通で境内は分断され、戦後は清水港の拡張や海岸の埋め立て、道路の建設などで景観は失われた。

坐漁荘《ざぎょそう》

明治・大正・昭和にわたる大政治家で最後の元老・西園寺《さいおんじ》公望《きんもち》が晩年を過ごした旧居。大正9年（1920）に建てられ、亡くなるまでの22年間を過ごした。敷地約380坪（1250㎡）、2階建て140坪（460㎡）。当時の建物は明治村に移築保存されているが、この地にあるのは平成16年に復元し公開されたもの。前庭は清見潟を望む景勝地だった。

江尻宿〜府中《えじり〜ふちゅう》

歩いた日：　□晴れ　□曇り　□小雨

年　月　日

スタート（時刻 / 場所）：

：

ゴール（時刻 / 場所）：

：

歩いた距離：

.　km

歩いた歩数：

歩

○宿場データ：

- 本陣：2 軒
- 脇本陣：3 軒
- 問屋場：1 軒　• 総家数：1340 軒
- 人口：6498 人（男 3160 人　女 3338 人）

江尻宿《えじり》

江尻は巴川《ともえがわ》の尻、すなわち下流という意味の地名で、巴川が作る砂州上にできた清水湊《みなと》の近くにある宿場。戦国時代の今川氏支配のころは三日市が立ち栄えた。その後、武田信玄が今川氏に代わり支配し江尻城を築くと、城下町となり職人の町として発展。その後、家康が支配し東海道制定時に江尻宿の道筋を現在の銀座通りに変えて、慶長12年（1607）には巴川に稚児《ちご》橋を架橋し、町並み長さ13町（約1・5㎞）の宿場町となった。人口約六千五百人は駿河では府中宿に次ぐ大きな宿場だった。

清水湊は江戸や上方との中継港であり、また背後の駿府へ物資を供給する重要な湊で大型船が出入りした。また駿府城の天守下から巴川を通って清水湊まで水路が開削されていた。

明治時代はお茶の輸出港として栄え、現在は国の特定重要港湾、国際貿易港となっている。

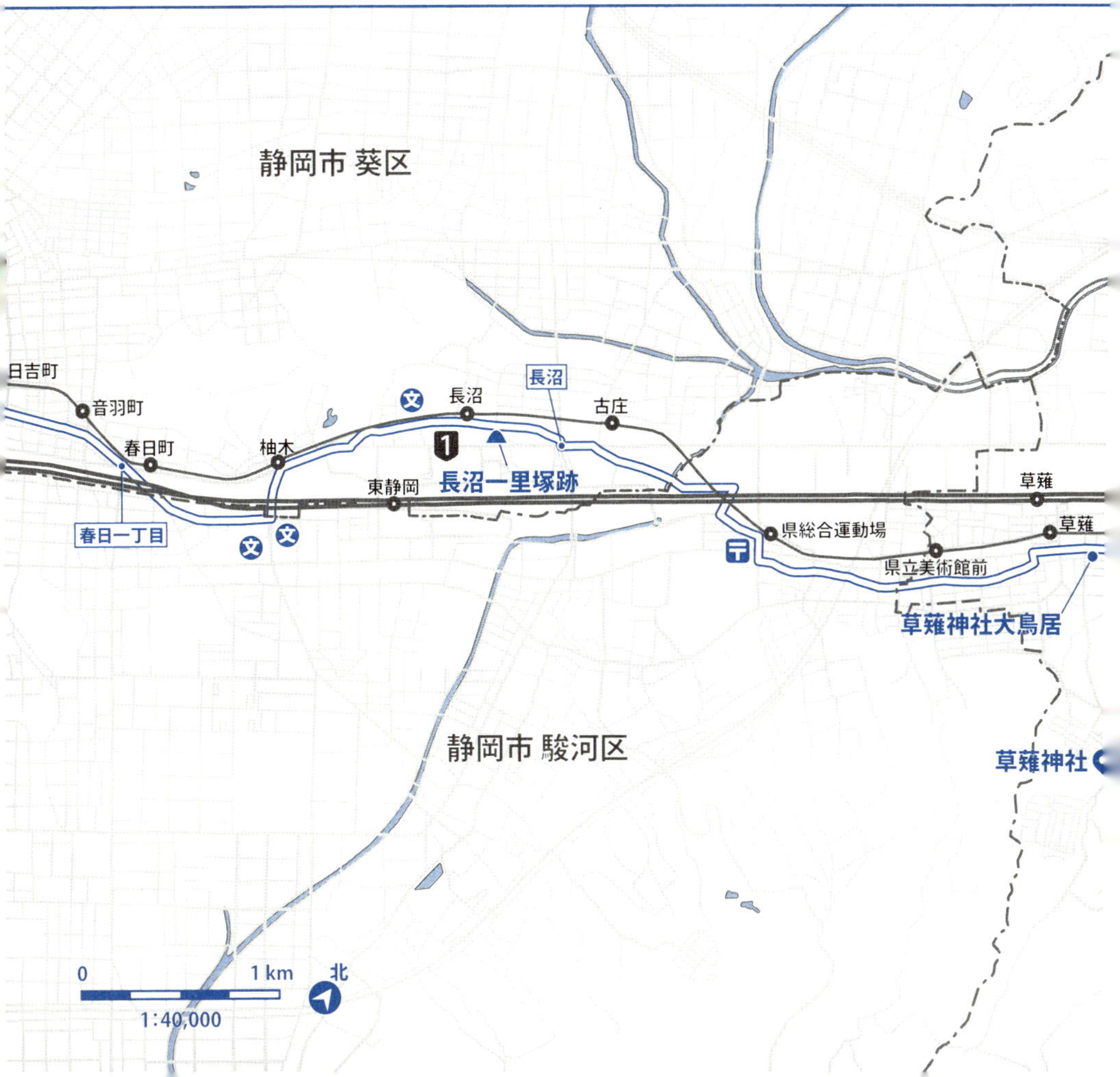

道中記一筆：

：

：

：

：

：

：

：

：

：

：

：

：

：

：

：

：

：

：

：

献立道中記：〈味の評価：□上々　□上　□中　□下〉

名所・旧跡書留め：

魚町《うおまち》稲荷《いなり》神社《じんじゃ》・江尻《えじり》城跡《じょうあと》

永禄11年（1568）12月、駿河に攻め入った武田信玄は翌年、江尻城を築いた。その後、天正6年（1578）当時の城主・穴山信君《あなやまのぶただ》（梅《ばい》雪《せつ》）は城を大改築し、城を鎮護する神として稲荷社を造営した。江尻城は関ヶ原の合戦後に廃城となった。江尻城境内には、巨大なサッカーボールの石碑である「日本少年サッカー発祥の碑」があり、清水エスパルスの選手が、シーズン前に必勝祈願に訪れることで有名。

稚児橋《ちごばし》

巴川《ともえがわ》に架かるこの橋は、家康の命により慶長12年（1607）に架橋された。渡り初めをしようとした際に、川の中から河童の稚児が現れたという伝説から橋の名前が江尻橋から稚児橋になった。ここから沼津行きの船が出ていた。

追分羊《おいわけよう》かん

この地方に伝わる羊かんの由来は江戸初期までさかのぼる。ある砂糖商人が箱根の山中で旅に病める明（中国）の僧に出会い、手厚く介抱した。やがて病が癒えた僧は深く感謝し、小豆のあつものづくりの秘技をねんごろに伝授して旅立っていったという。街道沿いの追分付近にある追分羊かん本店のほか、市内各所で購入可能。

上原《うわはら》子安《こやす》地蔵堂《じぞうどう》

創建は鎌倉時代とされる。長寿・安産・子育・安全の守護として近隣の人々の信仰を集めてきた。武田信玄が駿府の今川氏真《いまがわうじさね》を攻めた永禄11年（1568）、武将山県昌景《やまがたまさかげ》がこの地蔵堂のある上原の地に宿営布陣した記録があるという。また天正10年（1582）家康が武田勝頼を攻めるとき、江尻城の武田方城主・穴山梅雪とこの地蔵堂で会見した。穴山は家康側につき、武田軍は敗退した。お堂は本尊とともに、明治24年（1891）に一度焼失し、現在のお堂は昭和7年（1932）の再建である。

草薙神社《くさなぎじんじゃ》

日本武尊《やまとたけるのみこと》を祀った神社。蝦夷《えみし》平定に向かった日本武尊はここで逆族の放った火に囲まれたが、天叢雲剣《あめのむらくものつるぎ》を抜き、呪文を唱えながら燃える草原を薙ぎ払って難を逃れたと伝わる。これが草薙の地名の由来である。その後、日本武尊の父・景行《けいこう》天皇が日本武尊の勲功の地を訪ねた際、ここ草薙の地に社を建て、天叢雲剣を奉納した。その後、剣は天武《てんむ》天皇の時代（686年）に現在の熱田神宮へ移された。三種の神器のひとつ、草薙剣《くさなぎのつるぎ》である。境内に推定樹齢1000年以上、幹回り25mある市の天然記念物の大楠《くす》がある。また当社には静岡県指定無形民俗文化財の龍勢《りゅうせい》（流星）という、櫓を組んでロケットのような花火を打ち上げる行事が伝わっている。

歩いた日：　□ 晴れ　□曇り　□小雨

年　月　日

スタート（時刻 / 場所）：

：

ゴール（時刻 / 場所）：

：

歩いた距離：

.　km

歩いた歩数：

歩

府中宿～丸子

ふちゅう～まりこ

○宿場データ：

- 本陣：2 軒
- 脇本陣：2 軒
- 問屋場：1 軒　・総家数：3673 軒
- 人口：14071 人（男 7120 人　女 6951 人）

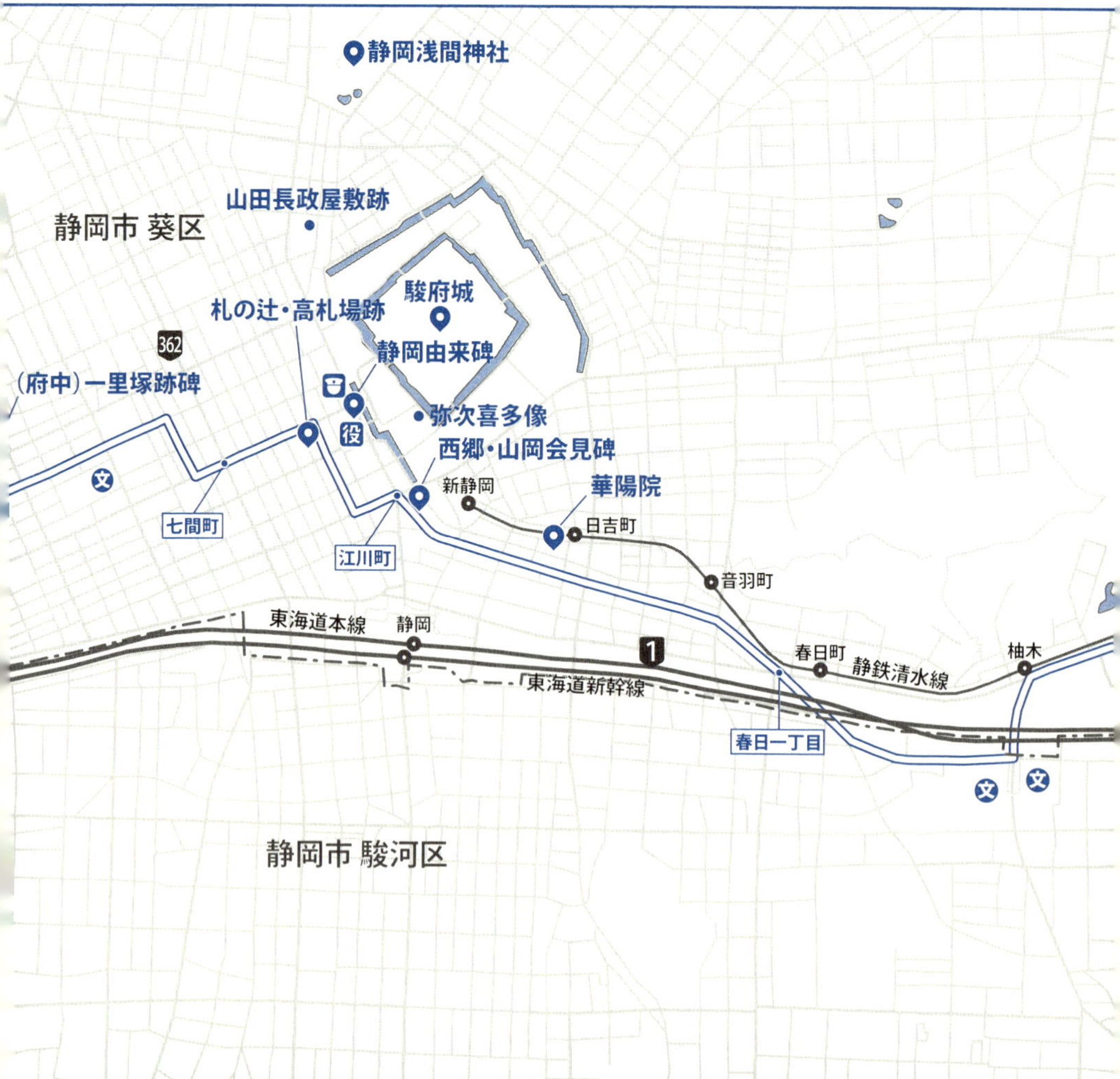

府中《ふちゅう》宿

駿河国の国府が置かれ、政治の中心地ゆえ「府中」と呼ばれ、また駿河の府中なので「駿府」ともいった。慶長12年（1607）、将軍職を譲った家康は、駿府城を改築して江戸からこの地に隠居した。

2年後の駿府城焼失による天下普請で、城の再建とともに安倍川の流路の変更や薩摩堤の築堤、さらに城下町の整備が進められた。碁盤の目のように整然とした区割りの中に、つづら折れのように東海道が設置され、宿外れには二丁町遊郭が設けられた。この町割りが現在の静岡の原型である。

府中宿は駿河で最大の宿場で幕府老中直轄の駿府町奉公が支配した。町並みは南北28町（約3㎞）もあり、家数は東海道の宿場でもっとも多く、宿内人口は大津宿に次ぎ二位、間屋場には貫目《かんめ》改《あらため》所《しょ》が併設された。幕府公認の遊郭があったのは府中宿だけである。

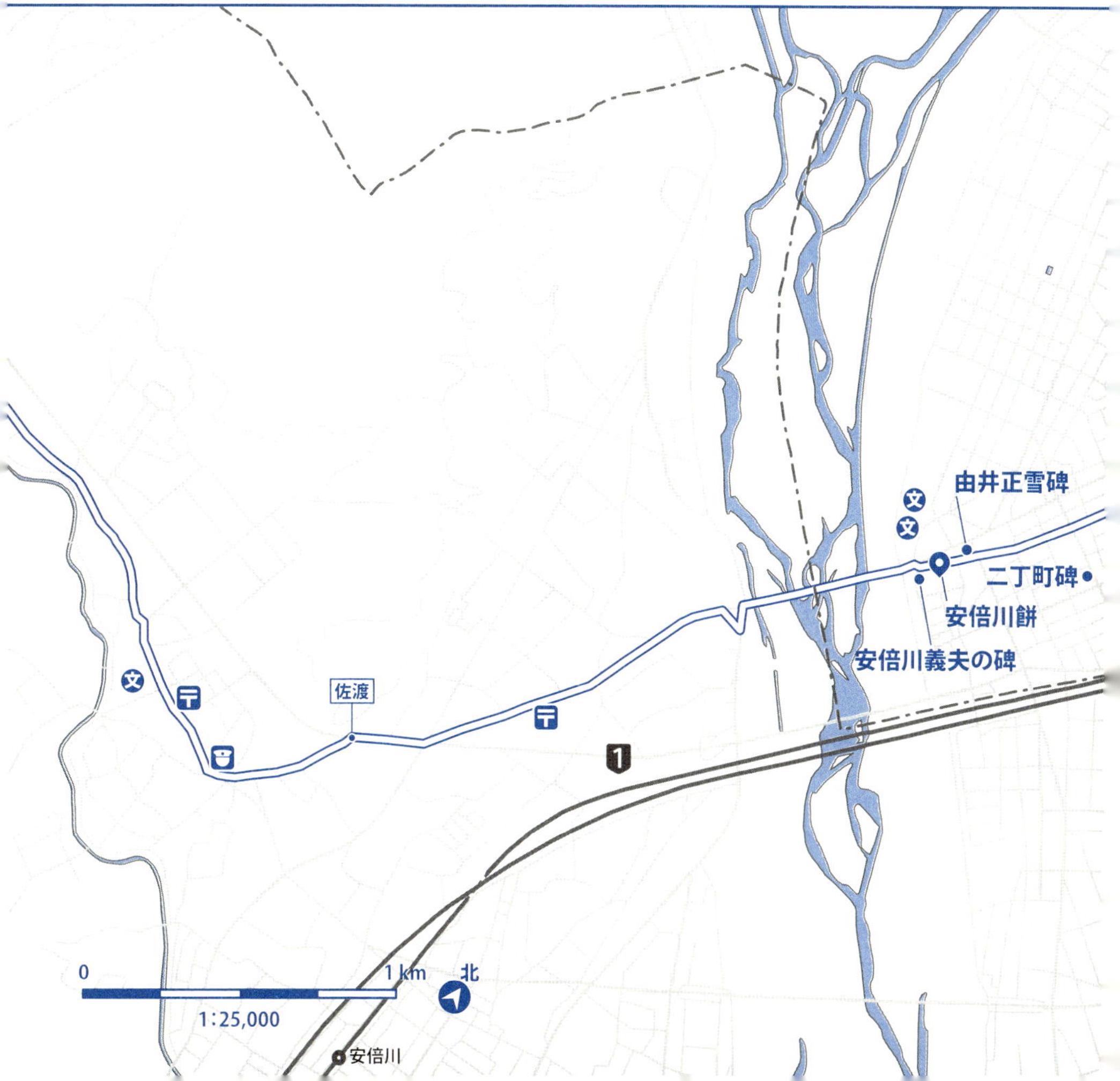

道中記一筆：

：

：

：

：

：

：

：

：

：

：

：

：

：

：

：

：

：

：

：

献立道中記：〈味の評価：□上々　□上　□中　□下〉

名所・旧跡書留め：

華陽院《けよういん》

浄土宗で徳川家康の祖母・源応尼《げんのうに》の菩提寺。幼い頃の家康が文筆を学んだという。源応尼の法名「華陽院殿」から寺の名前を玉桂山《ぎょくけいさん》華陽院とした。家康の五女・市《いち》姫の墓もある。

駿府《すんぷ》城《じょう》

慶長10年（1605）に将軍職を秀忠《ひでただ》に譲った徳川家康は、駿府城を改築。慶長12年（1607）7月、大御所として移り住んだが、その年の12月、失火により本丸御殿や天守が焼失。家康は天下普請を命じ、主に西国大名を動員して大規模な平城をわずか10ヶ月で完成させた。城下全体の人口は十万人とも十二万人ともいわれ、日本の首都のようなにぎわいだったという。家康は元和2年（1616）七十五歳で死ぬまでの約10年を駿府城で過ごした。寛永9年（1632）以降は城主を置かず、城《じょう》代《だい》の時代が明治維新まで続いた。

西郷《さいごう》・山岡会見碑《やまおかかいけんひ》

慶応4年（1868）3月9日、旧幕府方を平定しようと駿府まで軍を進めた官軍参謀・西郷隆盛《たかもり》のもとへ、勝海舟《かつかいしゅう》からの手紙を携え山岡鉄舟《てっしゅう》が乗り込んだ旅籠《はたご》・松崎屋源兵衛跡。この会見は勝と西郷の江戸城無血開城談判の予備会談で、山岡は徳川慶喜《よしのぶ》の身柄の善処を西郷に約束させた。

静岡由来碑《しずおかゆらいひ》

藩庁では、明治4年（1871）の廃藩置県を前にして、駿府や府中と呼んでいた地名をどうするかを検討した。付近の賤機山《しずはたやま》から「賤ヶ丘」に決まりかけたが、藩校頭取の向山黄村《むこうやまこうそん》が賤を静に変え静岡と提案し決定した。

静岡浅間神社《しずおかせんげんじんじゃ》

駿河の総社として古くから信仰されている。鎌倉時代以降は歴代幕府、戦国時代は今川や武田の庇護を受け、家康が十四歳で元服をしたのもこの神社。徳川家から篤い崇敬を受けた。

札《ふだ》の辻《つじ》・高札場跡《こうさつばあと》

呉服町通りと七間《しちけん》町通りが交差する十字路に高札場があり、この交差点を札の辻と呼んでいる。札の辻を南へ折れる東海道は道幅が7間（約13m）あるため七間町通りと呼ばれ、東海道随一の広さだった。駿府城天守や富士山を望む繁華な通りで、漆器・竹細工・挽き物・家具・蒔絵・漆下駄・雛人形・和染めなどの家が並び、参勤交代の武士も土産を買った。

安倍川餅《あべかわもち》

当初は餅に黄粉をまぶしただけだったが、貴重品の砂糖を使ってから評判になり、慶長年代には名物になっていた。家康が近くの金山に巡視に行ったときも、この餅が献上されたという。茶店では一個五文で十個を皿に盛り、客に出した。

歩いた日：　□晴れ　□曇り　□小雨

年　月　日

スタート（時刻 / 場所）：

：

ゴール（時刻 / 場所）：

：

歩いた距離：

.　km

歩いた歩数：

歩

丸子宿～岡部

まりこ～おかべ

○宿場データ：

- 本陣：1 軒
- 脇本陣：2 軒
- 問屋場：1 軒　• 総家数：211 軒
- 人口：795 人（男 366 人　女 429 人）

丸子《まりこ》宿

「鞠子《まりこ》」とも書いた。宇津ノ谷《うつのや》峠を控えていたため、東海道制定時に宿場に指定された。町並みは丸子川に沿って東西7町（740m）しかなく、人口も約八百人の山間にある小さな宿場だった。

名物は「とろろ汁」で茶店が何軒もあった。すり下ろした自然薯《じねんじょ》と出汁を合わせ麦飯にかけて食べる。現在もとろろ汁を商う慶長元年（1596）創業の丁字《ちょうじ》屋の脇には芭蕉の句碑がある。

「梅若菜　丸子の宿の　とろろ汁」

『東海道中膝栗毛』では茶店に寄った弥次さんと喜多さん。とろろ汁を注文したが店の夫婦の喧嘩が始まり、亭主がすり鉢を投げたのであたりはとろろ汁だらけとなり、この騒ぎで二人は名物を味わうことができず、仕方がなく一句。

「けんくわする夫婦は口をとがらして鳶《とび》とろろにすべりこそすれ」

丸子宿の家並みは改築されたとはいえ、山間の宿場らしい雰囲気を残す。

道中記一筆：

：

：

：

：

：

：

：

：

：

：

：

：

：

：

：

：

：

：

：

献立道中記：〈味の評価：□上々　□上　□中　□下〉

名所・旧跡書留め：

とろろ汁《じる》

自然薯をすり、味噌汁と卵を混ぜ合わしたもの。広重の保永堂版『東海道五拾三次　鞠子』にも登場する丁子屋《ちょうじや》は、このとろろ屋として有名。創業は慶長元年（１５９６）で、４００年以上という長い歴史を持つ。浮世絵に描かれた丁子屋を再現した建物は、築３５０年の趣ある茅葺き屋根の古民家を昭和45年（１９７０）に移築したもの。

吐月峰柴屋寺《とげっぽうさいおくじ》

永正元年（１５０４）今川氏親《うじちか》に仕えた連歌師・宗長《そうちょう》が宇津山の麓に庵を結んで柴屋軒と称したのが始まり。宗長の死後、寺に改め宗長寺ともいった。この柴屋寺は当時の丸子城の一部だった。本堂正面(南)の丸子富士、庭の西方に天柱山、東に吐月峰を借景にした枯山水《かれさんすい》庭園は国の名勝に指定されている。宗長が植えた竹を使った竹細工は当時から名物で、煙草の灰落とし（灰吹）に「吐月峰」と書いて「はいふき」と読ませた。

丸子城跡《まりこじょうあと》

当時の遺構が現存する全国的にも貴重な山城遺跡。今川氏の北城と武田氏の南城を連結して完成したもので、三角山を中心に尾根沿いに南北約５００ｍにわたって多くの曲輪《くるわ》が階段状に築かれている。

十団子《とおだんご》（慶龍寺《けいりゅうじ》）

江戸時代に「宇津ノ谷峠に出没して旅人を苦しめる大鬼を近くの慶龍寺の僧が退治した」という伝説をもとに、小豆大に乾燥させた十の団子を糸に通して数珠のようにして「十団子」という道中災難除けとして売った。八月には、慶龍寺の縁日で売られる今の十団子は、十個の団子の粒を小さな輪にし、九つの輪を束にしたもので、九十の災難を避けるという。

お羽織屋《はおりや》

天正18年（１５９０）小田原征伐に東海道を下った豊臣秀吉が、立場茶屋だった石川家に立ち寄った際、馬わらじを自分の馬のものと取り替えたいと所望した。主人が三脚分しか出さないので、秀吉が訳を訪ねると「四は縁起が悪いので一脚を残し、勝利を祈願するつもりだ」と答えた。秀吉は縁起が良いと大いに喜んで気分良く出発。戦に勝って帰りに立ち寄り、褒美として和紙と絹でできた自分の陣羽織を与えた。以来「お羽織屋」と呼ばれ、多くの大名がこの羽織を見るために訪れた。

宇津ノ谷峠道《うつのやとうげみち》

天正18年（１５９０）豊臣秀吉が小田原征伐のため開いたといわれる道を江戸時代に整備し、東海道とした。峠道にある地蔵堂跡は歌舞伎『蔦紅葉宇《つたもみじう》津谷《つのや》峠《とうげ》』の文弥《ぶんや》殺しの舞台。今でも鬱蒼とした杉木立が殺しの舞台を彷彿とさせる。

歩いた日：　□晴れ　□曇り　□小雨

年　月　日

スタート（時刻 / 場所）：

：

ゴール（時刻 / 場所）：

：

歩いた距離：

.　km

歩いた歩数：

歩

岡部宿～藤枝

おかべ～ふじえだ

○宿場データ：

- 本陣：2 軒
- 脇本陣：2 軒
- 問屋場：2 軒　• 総家数：487 軒
- 人口：2322 人（男 1157 人　女 1165 人）

岡部《おかべ》宿

奈良時代の街道は海沿い（現＝焼津市）を通り、日本坂を上って安倍川を渡り駿府に達していた。

藤枝から岡部を経て宇津ノ谷峠を越える街道は、中世以降に発達したもので、建久5年（1194）に源頼朝が鎌倉と京都を結ぶ鎌倉道を整備し、岡部宿を設立した。慶長6年（1601）東海道の伝馬制度制定の翌年に、岡部は宿駅となった。

宿の町並み長さは13町50間（約1・5㎞）。山間の宿場で、幕府の公用荷物や人を運ぶ人足や馬を出すことは大きな負担であった。大井川が川留《かわどめ》になると岡部にも泊まる客が増えたが、参勤交代のような大規模な通行があると隣の丸子宿や藤枝宿から夜具を借りねばならなかったという。広重の保永堂版「東海道五拾三次　岡部」にも、薪《まき》を背負った木こりや女性が峠道を歩く姿が描かれ、ひなびた山間の様子がうかがえる。

道中記一筆：

：

：

：

：

：

：

：

：

：

：

：

：

：

：

：

：

：

：

：

献立道中記：〈味の評価：□上々　□上　□中　□下〉

名所・旧跡書留め：

大旅籠柏屋《おおはたごかしばや》

五代目の山内良右衛門以降は、旅籠と質屋を兼業し、さらに田畑を買い増し、大地主となった。代々問屋《といや》や年寄など宿役人も務めた岡部宿の有力者でもある。現在の建物は天保7年（1836）に再建されたもの。一階の本座敷には身分の高い武士が、二階には身分の低い武士や、商人などの庶民が泊まったといわれている。平成12年（2000）に建物を整備し、資料館として公開した。180年を経た今日でも、各所に創建当時の形跡を見ることができる。江戸時代の大旅籠で現存しているものは少なく、平成10年に国の登録有形文化財に認定された。

五智如来像《ごちにょらいぞう》

田中城（藤枝城）城主であった内藤弌信《かずのぶ》の姫は、口が不自由であったが、岡部宿にあった誓願寺の本尊である阿弥陀如来に願をかけると完治したという。成就のお札に田中藩家老がこの五智如来像を寄進したといわれる。元は誓願寺の境内にあったが、寺が移転し、如来像だけがこの地に残された。五智とは大日如来が備える五つの智慧《ちえ》のことで、密教の金剛界曼陀羅で五智に対応する五尊の如来を五智如来という。大日《だいにち》・阿閦《あしゅく》・宝生《ほうしょう》・阿《あ》弥陀《みだ》・不空成就《ふくうじょうじゅ》の五如来の総称である。後列の如来像は田中藩家老が宝永2年（1705）に寄進したもので、前列の如来像は明治中期に造立された。

岩村藩《いわむらはん》の飛《と》び領地《りょうち》横内村《よこうちむら》

岩村藩は美濃国の岩村城（岐阜県恵那郡岩村町）を居城とした三万石の藩。享保20年（1735）岩村藩主・松平乗賢《のりかた》が老中に出世し、横内村など周辺十五の村、計五千石の領地をもらった。このように本領から離れた領地を「飛び領地」という。

田中城《たなかじょう》御成道《おなりみち》

江戸時代に使われていた東海道から田中城へつながる道のひとつ。田中城内へ通じる木戸口は東西南北に四つあり、うち東の平島口から八幡橋を渡って東海道と合流する道を御成街道といった。道の名は、武将・大名が行列を従えてこの道を通ったことに由来する。初代田中藩主である酒井備後守忠利《ただとし》は、北側に藤枝宿から城内に通じる大手口を開設し、東海道と田中城を最短距離でつないだ。そのため大手口が正門となり、東海道から大手口を通って城内に入る道が正式な道として整備された。平島口の城門（平島一の門）は開かずの御門となったが、御成街道はその後も多くの人に利用された。晩年になり駿府城に隠居していた家康が、鷹狩に出かけた際によくこの道を通って田中城を訪れたと伝えられている。現在も街道の周辺には家康にまつわる史跡・寺社が点在する。

歩いた日：　□ 晴れ　□曇り　□小雨

年　月　日

スタート（時刻 / 場所）：

：

ゴール（時刻 / 場所）：

：

歩いた距離：

.　km

歩いた歩数：

歩

藤枝宿～島田

ふじえだ～しまだ

○宿場データ：

- 本陣：2 軒
- 脇本陣：0 軒
- 問屋場：2 軒　• 総家数：1061 軒
- 人口：4425 人（男 2208 人　女 2217 人）

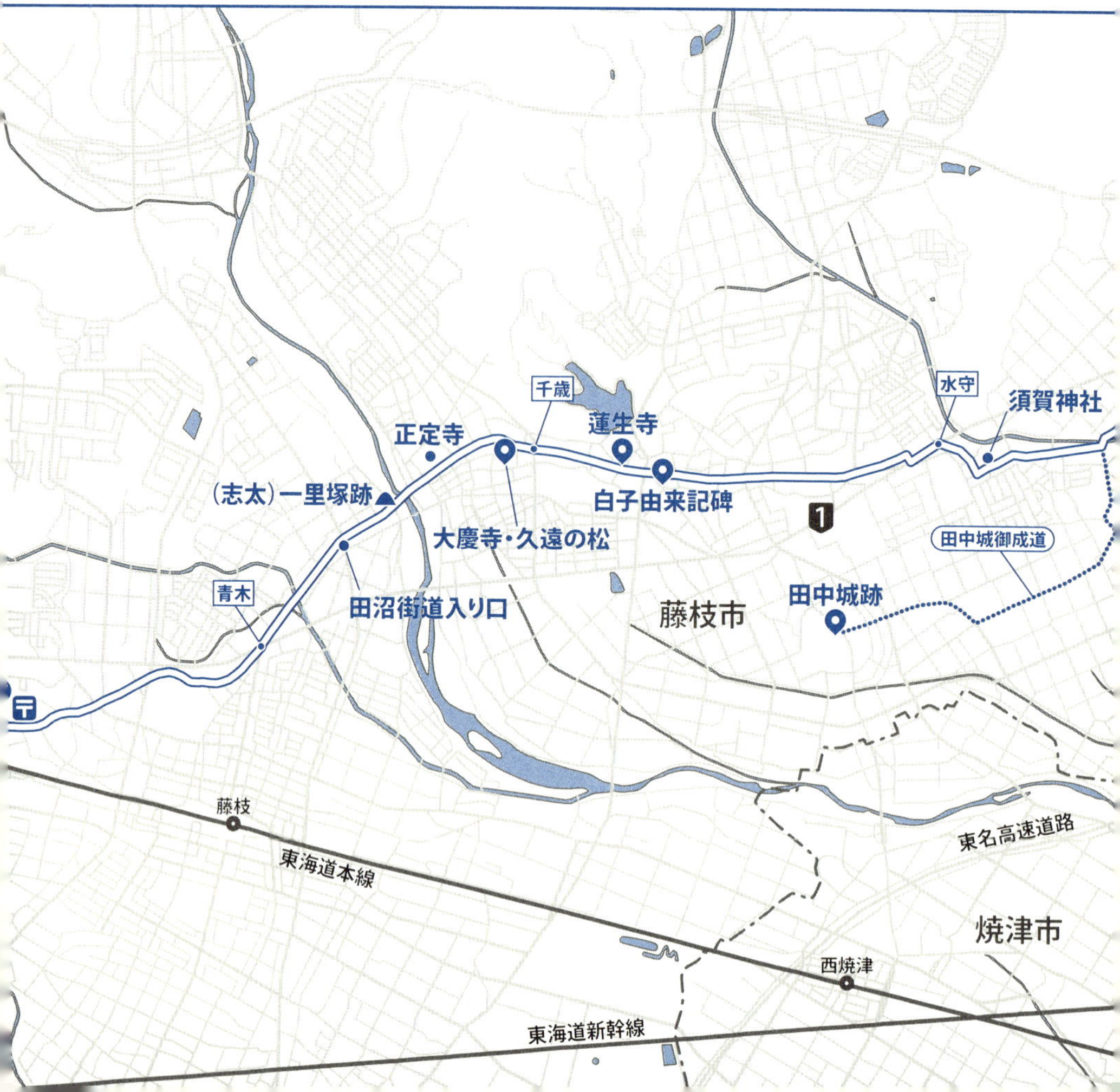

藤枝宿《ふじえだ》

藤枝宿はほかの宿場のようにひとつの町や村が宿場になったものではなく、街道に面した志太《しだ》郡、益津《ましづ》郡の一部の町がそれぞれの親村に属しながら宿駅の役割を担ってきた。そのため町並みの長さは2㎞と長かった。宿場の西には老中・田沼意次《おきつぐ》の領地の相良に通じる田沼街道があり、藤枝は交通の要衝でもあった。

宿内に白子町《しらこまち》という名の町がある。天正10年（1582）本能寺の変の際、大阪の堺から伊賀を越え岡崎へ逃げる途中の家康を、伊勢白子湊の小川孫三は伊勢湾を横断して岡崎まで船で送った。その功績から小川孫三は藤枝宿に地子や諸役免除の特典付で住むことを許された。孫三は移り住み故郷の名を町名とした。

名物はクチナシで黄色に染めた強飯をすりつぶし薄く小判形に乾かしたもので、染飯《そめいい》と呼んだ。瀬戸山を越える携行食でもあり、茶店で食べる際は蒸し返して客に出した。

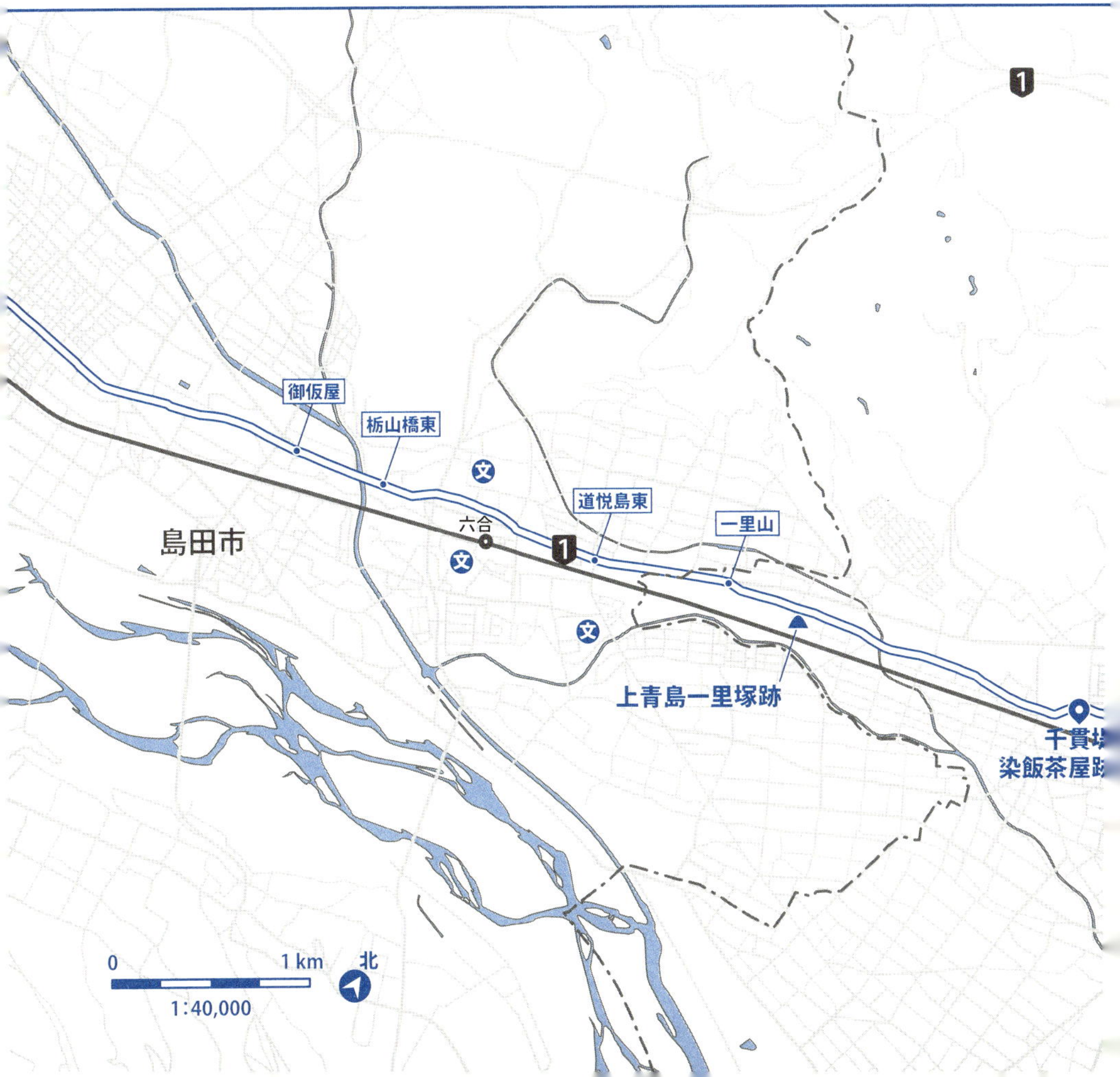

道中記一筆：

：

：

：

：

：

：

：

：

：

：

：

：

：

：

：

：

：

：

：

献立道中記：〈味の評価：□上々　□上　□中　□下〉

名所・旧跡書留め：

田中城跡《たなかじょうあと》

藤枝宿の南東800mの平地にある田中城は、500年ほど前に築かれた。同心円形の水掘で囲まれた珍しい平城で別名を亀城、または亀甲城と呼ばれた。家康は駿府城の西の守りとして関ヶ原以前から譜代の家臣を城主とした。江戸時代中期までは城主が頻繁に交替し、幕府の要職に就く大名も多く、出世城といわれた。享保16年（1731）本多正《まさ》矩《のり》が四万石になって以来、幕末まで本多氏が城主だった。

白子由来記碑《しらこゆらいきひ》

天正10年（1582）、本能寺の変に際し、追っ手から逃れるため伊賀から伊勢に入った家康は、野武士に襲われたところを三重県鈴鹿市白子町《しろこちょう》出身の百姓・小川孫三《まごぞう》に助けられた。孫三は藤枝に白子町《しらこまち》を安堵され、諸役免除の朱印を与えられた。

蓮生寺《れんしょうじ》

田中藩藩主・本多氏の菩提寺。由来には源氏の武将・熊谷直実《なおざね》の伝説が絡んでいる。直実は、源平一ノ谷の合戦で自分の息子と同じ年頃の平敦盛《たいらのあつもり》を討ち取ったことで悩み、出家し「蓮生」と名乗った。故郷の熊谷に帰る途中、藤枝の長者に路銀を借りようとして、十念（念仏を十篇となえること）を質草とした。すると長者の庭の池に十本の蓮が生え、花が咲いた。後日、蓮生が長者にお金を返し、長者が質草の返却にと念仏を唱えると、念仏一篇ごとに蓮が消えはじめた。長者は驚き最後の一本を残してもらった。長者はこの奇跡に感服し仏門に入り、屋敷を念仏道場としたのが寺の始まりという。

大慶寺《だいけいじ》・久遠《くおん》の松《まつ》

田中城主の祈願寺で、本多氏の頃には家老以下藩士の大半が檀家になり「さむらい寺」と呼ばれていた。境内には日蓮上人のお手植えと伝わる「久遠の松」がある。樹高25m、推定樹齢約750年といわれる。

千貫堤《せんがんつつみ》

寛永12年（1635）田中城城主・水野堅物《けんもつ》忠善《ただよし》は大井川の洪水から領内を守るため、下青島の無縁寺の山裾から正泉寺まで長さ約360m、高さ3・6m、幅29mの大堤防を一千貫もの費用を投じて築いた。

染飯茶屋跡《そめいいちゃやあと》

元禄3年（1690）東海道は平地を行くルートに変更されて以降、このあたりに染飯を出す茶店が並んだ。染飯とは強飯《こわめし》をくちなしで染めた鮮黄色のおこわのこと。染飯の包み紙に押した壷型に「名物・瀬戸御染飯」と記した商標印の版木が、ここの石野家に残っていて、藤枝市の文化財となっている。JR藤枝駅前の喜久屋《きくや》で購入可能。

歩いた日：　□ 晴れ　□曇り　□小雨

年　月　日

スタート（時刻 / 場所）：

：

ゴール（時刻 / 場所）：

：

歩いた距離：

.　km

歩いた歩数：

歩

島田宿～金谷

しまだ～かなや

○宿場データ：

- 本陣：3 軒
- 脇本陣：0 軒
- 問屋場：1 軒　• 総家数：1461 軒
- 人口：6727 人（男 3400 人　女 3327 人）

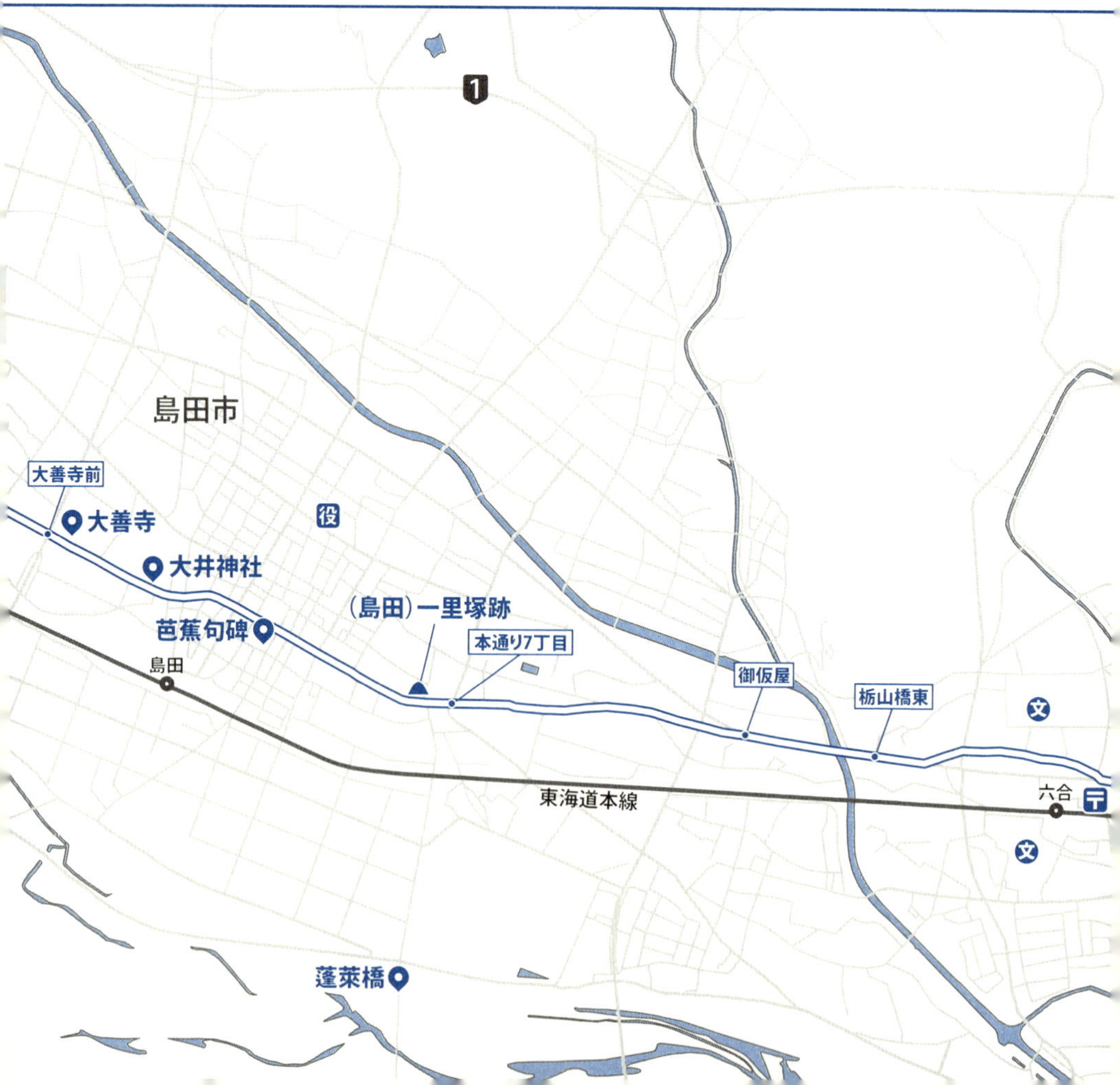

島田《しまだ》宿

慶長6年（1601）東海道制定と同時に宿駅となったが、その3年後に大井川が氾濫し、発足したばかりの島田宿は濁流に流され全滅した。元和元年（1615）堤防工事が完成し、寛永12年（1635）に再建された。

宿の西端の大井川は東海道一の大河だが橋も渡船もなく、人足の手を借りる徒渡しだった。梅雨時にはたびたび川留《かわどめ》となり、島田宿と対岸の金谷宿は足止めされた旅人であふれた。川留が長引くと暇つぶしに博打に明け暮れたり、飯盛女を呼んで騒いだり、客同士の喧嘩やトラブルも多かったが、宿場は大いに儲かり、東海道の中でも裕福な宿場だった。

島田は室町から戦国時代にかけて刀鍛冶が多く集まり刀の生産地だった。江戸時代の初期でも刀鍛冶が十一軒あった。名物は小饅頭。大井神社に伝わる「帯《おび》まつり」は奇祭として有名である。

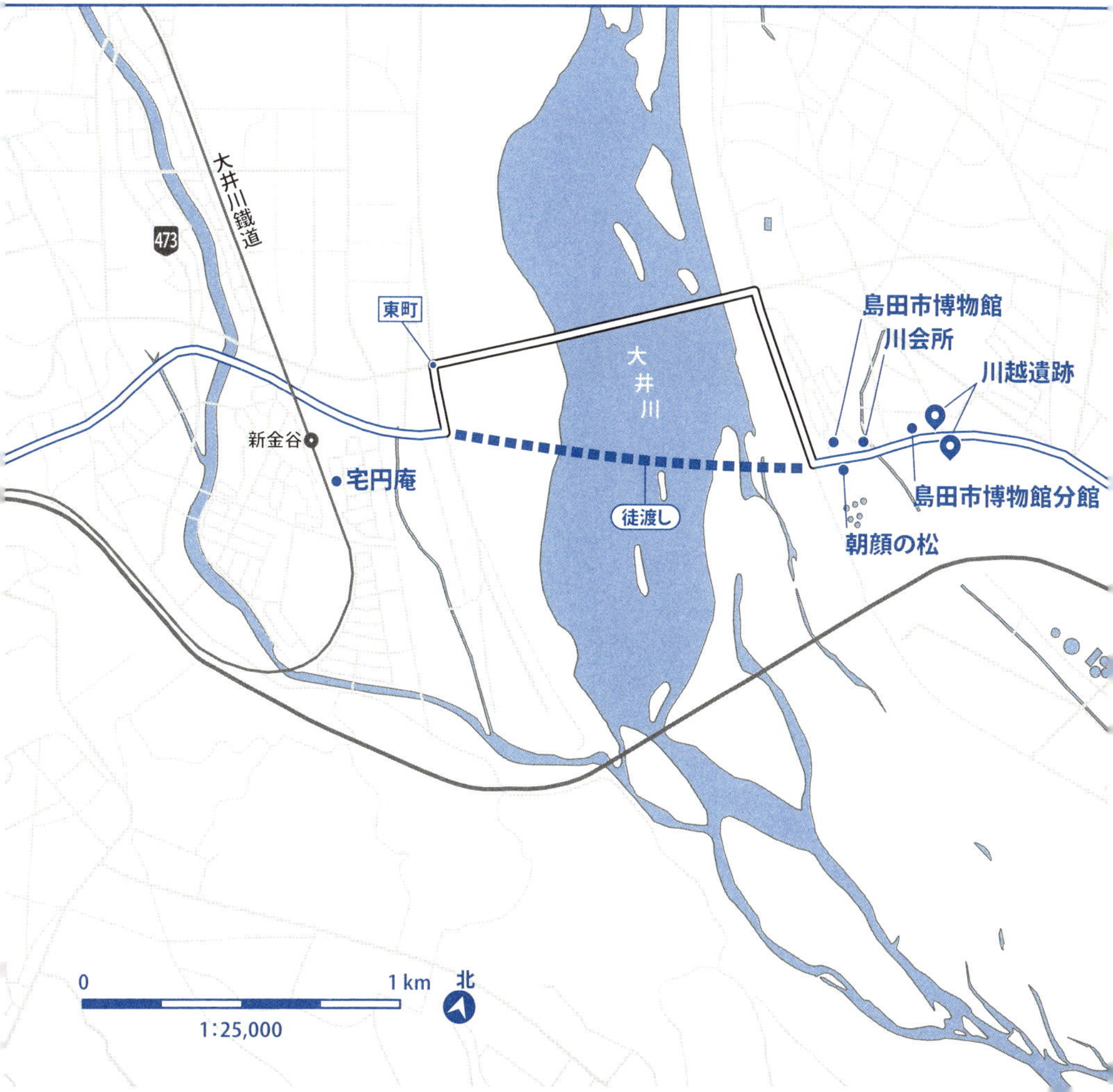

道中記一筆：

献立道中記：〈味の評価：□上々　□上　□中　□下〉

名所・旧跡書留め：

蓬萊橋《ほうらいばし》

明治12年（１８７９）対岸にある牧之原台地を茶畑に開拓した農民の出資により、大井川に架けられた木造の橋。その名残で今でも橋を渡るには、料金がかかる。全長８９７・４ｍ、幅２・４ｍ。人が歩いて渡る木造の橋の長さとしては世界一で、１９９７年12月30日ギネスブックに登録された。

芭蕉句碑《ばしょうくひ》

芭蕉は島田宿の俳友塚本如舟《じょしゅう》を二度訪ねており、二度目は元禄7年5月で芭蕉最後の旅となった。その際、大井川が川留《かわどめ》になっており4日間も如舟の家に滞留することとなった。碑にある句には如舟のもてなしへの謝辞が込められている。

大井神社《おおいじんじゃ》

島田の産土神《うぶすながみ》で、洪水を鎮め安産をもたらすとして信仰が篤い神社。元禄年間（１６８８～１７０４）に始まった「帯まつり」は3年に一度開催される。由来はいくつかあるが、嫁入りの丸帯を神社の大祭の際、行列に供する大奴《おおやっこ》の大太刀《おおたち》に掛けて宿内へ披露するようになったのが始まりともいわれる。県の無形文化財に指定されている。

大善寺《だいぜんじ》

天明4年（１７８４）に時の鐘として設置された梵鐘《ぼんしょう》は、昼夜2時間ごとに撞かれ、明け六つ（日の出）と暮れ六つ（日没）の鐘は川越《かわごし》の始まりと終わりを告げた。鐘は戦時中に供出され、現在の鐘は昭和48年（１９７３）に再び造られたもの。

川越遺跡《かわごしいせき》

島田宿の川越の拠点となった場所で、当時の街並みが復元・保存されている。川幅12町（１・３km）もある大井川は、幕府により架橋、通船を禁じられていた東海道最大の難所で、「箱根八里は馬でも越すが、越すに越されぬ大井川」といわれたほど流れが急だった。そのため、不慣れな旅人が歩いて渡るには危険だと川越の手助けを職業とする者が現れた。江戸時代初期の万治年間（１６５８～６１）頃の東海道名所記によると馬方が川越人足と結託してわざわざ深いところを渡って高い料金を取り、水かさが多いときは法外な料金を要求してくると記されている。島田代官・野田三郎左右衛門は元禄9年（１６９６）川越制度を整え、川会所《かわかいしょ》を設置した。川会所はこの制度に基づき、川越業務の管理・運営を行った。業務内容は、その日の水深による川越賃銭の決定、川札《かわふだ》（切符）の販売、通行人の渡河順序の割り振り、荷物の配分などだった。昭和41年（１９９６）に国の史跡に指定。

金谷宿～日坂

かなや～にっさか

歩いた日：　□ 晴れ　□曇り　□小雨

年　月　日

スタート（時刻 / 場所）：

：

ゴール（時刻 / 場所）：

：

歩いた距離：

.　km

歩いた歩数：

歩

○宿場データ：

- 本陣：3 軒
- 脇本陣：1 軒
- 問屋場：1 軒　•総家数：1004 軒
- 人口：4271 人（男 2074 人　女 2197 人）

金谷宿《かなや》

金谷は東に大井川、西に小箱根といわれた金谷坂、菊川坂、小夜の中山と難所を控えた交通の要衝であった。島田と同じ規模で大井川の川越《かわごし》業務を行っていた。大井川を無事に渡った旅人は金谷宿で「水祝い」の宴を開いた。また川留《かわどめ》になると金谷の旅籠だけでは足りず、旅人はその先の間の宿・菊川や日坂宿で逗留した。

宿の町並みは八軒屋橋の東の入り口から金谷坂手前の現不動橋のところまで16町24間（約1・8㎞）の長さで、江戸から京に向かう際には全体に緩やかな上り坂の町並みである。人口は四千三百人ほどで対岸の島田宿より少なかったのは平地が少ない地理的な事情によるものと考えられる。金谷宿には本陣が三軒あり、西本陣の柏屋は先祖の功によって家康より屋敷を拝領した家柄で、名主を務め宿場の有力者であった。

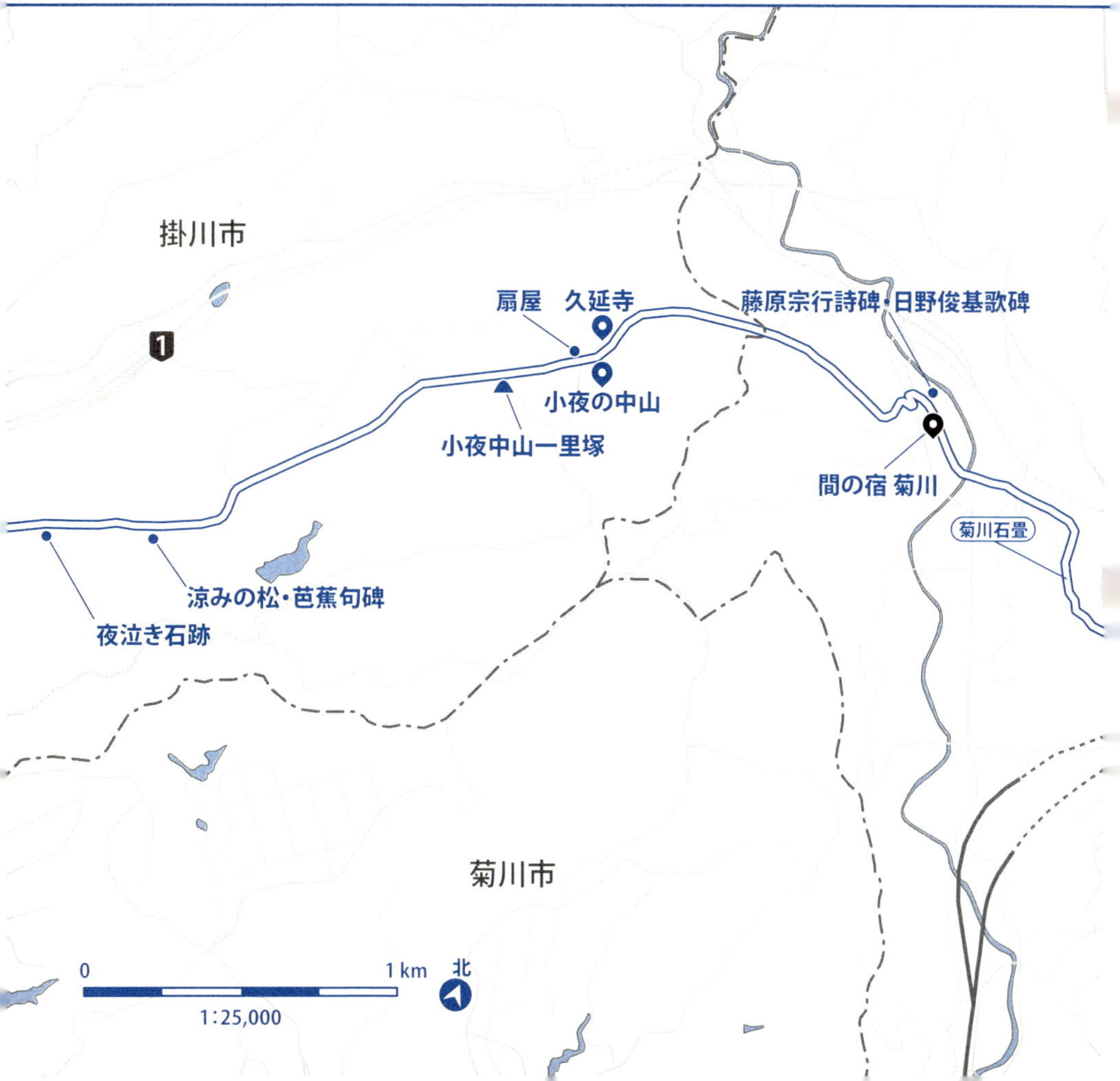

道中記一筆：

：

：

：

：

：

：

：

：

：

：

：

：

：

：

：

：

：

：

：

献立道中記：〈味の評価：□上々　□上　□中　□下〉

名所・旧跡書留め：

宅円庵《たくえんあん》（日本左衛門《にっぽんざえもん》首塚《くびづか》）

江戸中期の大盗賊・日本左衛門は、尾張藩の下級武士の子で、若い頃から放蕩を繰り返した人物。本名は浜島庄兵衛。盗賊団の頭目《とうもく》となり、遠江国《とおとうみのくに》を本拠に東海道周辺を荒らしまわった結果、全国指名手配となる。逃亡していた日本左衛門は安《あ》芸国《きのくに》宮島で自分の手配書（初の盗賊手配書）を見て逃げ切れないと観念し、京都で自首。延享4年（1747）処刑された。享年二十九歳。首は遠江国の見付に晒されたが、金谷宿の愛人・お万こと三好ゆきが首を盗みだし、宅円庵に葬った。後に日本《にっぽん》駄《だ》右衛《え》門《もん》として歌舞伎『青砥《あおと》稿花紅彩画《ぞうしはなのにしきえ》』に白浪《しらなみ》五人男《ごにんおとこ》（白浪＝盗賊）の頭目として描かれた。

金谷坂《かなやざか》の石畳《いしだたみ》

金谷宿の西外れから金谷峠を越える東海道の坂道は急なうえに粘土質で、雨天時は難儀だった。そのため周辺の村に助郷《すけごう》を命じ石畳道とした。石畳中腹の六角堂には「すべらず地蔵尊」が祀られており、石畳が「すべらない山石」を用いていることにちなみ、合格祈願の隠れた名所となっている。

諏訪原《すわはら》城跡《じょうあと》

武田勝頼《かつより》の命により、天正元年（1573）に馬場信春《のぶはる》が築いた山城。城内には武田家の氏神である諏訪神社が祀られている。天正3年（1575）武田勝頼が長篠の戦いで敗れた後、家康が城を占領し、牧野城と改名した。天正18年（1590）廃城。現在も当時の空堀や馬出《うまだし》が残っている。

間《あい》の宿《しゅく》　菊川《きくかわ》

鎌倉時代にはすでに宿場になっており、源頼朝も泊まった記録がある。近くには大井川や金谷峠などの難所を控えていたため、間の宿となった。しかし宿泊を禁止されていた間の宿。大井川の川留《かわどめ》時の宿泊は金谷宿の許可が必要だった。町並み図には本陣・脇本陣・問屋場《といやば》・掛川藩の藩医・茶揉み名人などが見られる。名物は大根の葉を炊き込んだご飯と豆腐の田楽「菜飯《なめし》田楽」だった。

久延寺《きゅうえんじ》

天平5年（733）頃、行基《ぎょうき》により建てられたと伝わる真言宗の古刹。江戸時代には参勤の大名たちの休憩所ともなった。周辺には多くの茶店があり、「飴の餅」が名物だった。慶長5年（1600）掛川城主・山内《やまうち》一豊《かつとよ》は境内に茶亭を建て、大阪から会津へ上杉征伐に向かう家康を労った。

小夜《さよ》の中山《なかやま》

西行《さいぎょう》法師が六十九歳で峠越えした際に詠んだ「年たけてまた越ゆべしとおもひきや　命なりけりさやの中山」の歌で有名となった場所。中山峠から先の3㎞ほどのだらだら下りの尾根道を指す。東海道三大難所のひとつ。

日坂宿〜掛川

にっさか〜かけがわ

歩いた日：　☐ 晴れ　☐曇り　☐小雨

年　月　日

スタート（時刻 / 場所）：

：

ゴール（時刻 / 場所）：

：

歩いた距離：

.　km

歩いた歩数：

歩

○宿場データ：

- 本陣：1 軒
- 脇本陣：1 軒
- 問屋場：1 軒　• 総家数：168 軒
- 人口：750 人（男 353 人　女 397 人）

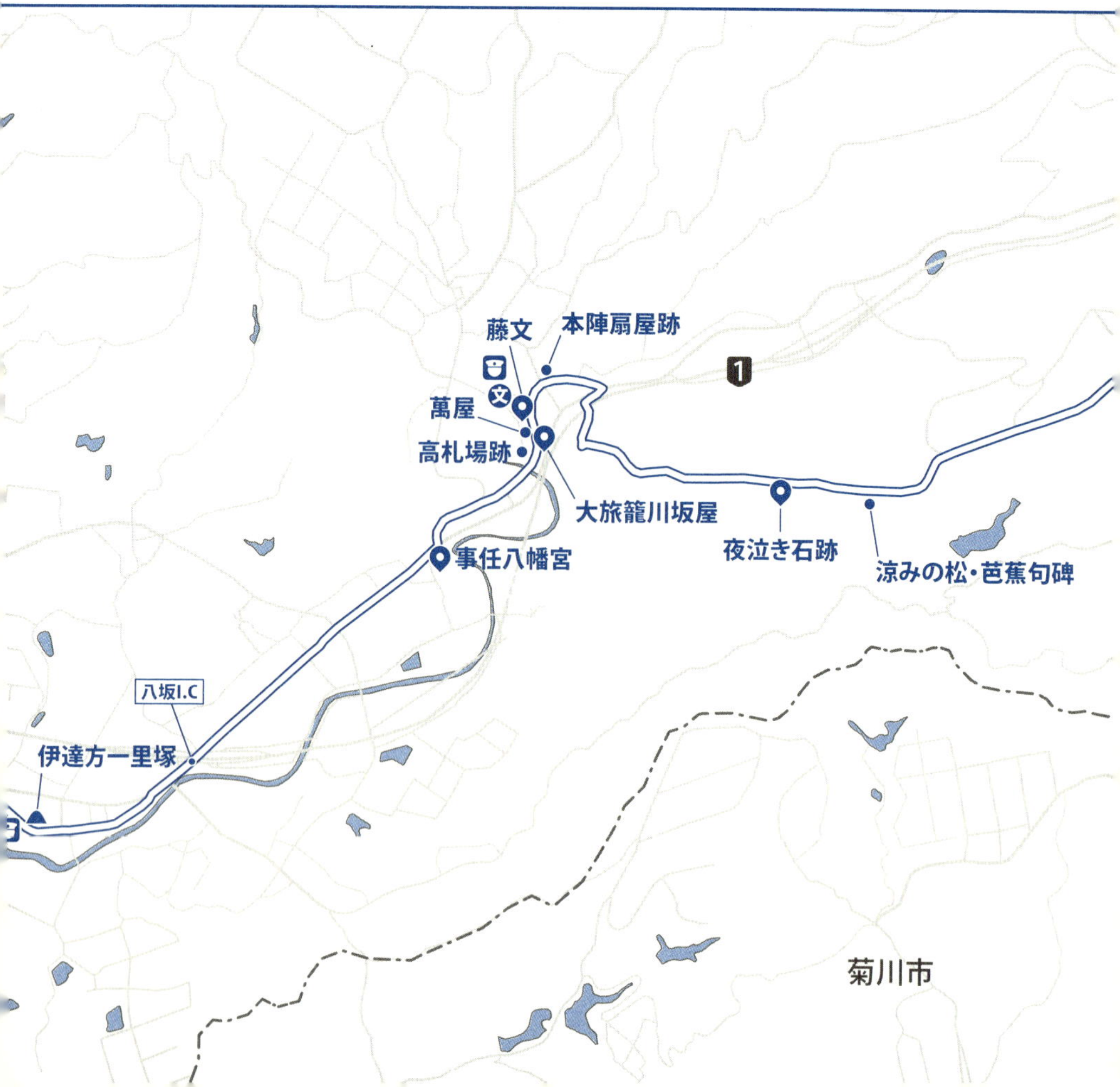

日坂《にっさか》宿

小夜の中山峠の西の麓《ふもと》にあり、鎌倉時代にはすでに宿場だった。宿場はU字にカーブした東西６町半（７００ｍ）の町並みで人口は七百五十人ほど。東海道では坂下、由比に次ぎ三番目に小さな山間の宿場だったので、人馬継ぎ立ての負担は重かった。また三度にわたる宿の大半が焼けるほどの大火や、安政の東海大地震で大きな被害に遭い、宿は困窮した。それでも大井川の川留《かわどめ》時や参勤交代の時期には大いににぎわった。

本陣、脇本陣、問屋場《といやば》は残っていないが、江戸末期の旅籠《はたご》の池田屋（現在は割烹旅館）、萬屋、川坂屋、また最後の問屋役・伊藤文七邸が保存されている。

日坂名物「蕨餅《わらびもち》」を『東海道名所図《ず》会《え》』は「葛《くず》の粉をまじえて蒸し餅とし豆の粉に塩を和し」と紹介している。また土御門《つちみかど》泰邦《やすくに》の『東行《とうこうの》話説《わせつ》』では「京都に帰ったときの土産話にと蕨餅を食べたが美味しくない」と酷評された。

道中記一筆：

：

：

：

：

：

：

：

：

：

：

：

：

：

：

：

：

：

：

：

献立道中記：〈味の評価：□上々　□上　□中　□下〉

名所・旧跡書留め：

夜泣《よな》き石跡《いしあと》

小夜《さよ》の中山の伝説のひとつ「夜泣き石伝説」に登場する石。諸説あるが、滝沢馬琴《ばきん》の「石言遺響《せきごんいきょう》」では次のような内容。『お石という女が小夜の中山で腹が痛くなり苦しんでいた。そこに通りかかった轟業右《とどろきごうう》衛門《えもん》はお石を斬り殺し、金を奪い逃げ去った。お石は懐妊していたため、傷口から赤子が生まれ、お石の魂は傍にあった丸石に乗り移って夜ごと泣くようになり、里人は「夜泣石」と呼んで恐れた。赤子は音八と名付けられ、久延《きゅうえん》寺の和尚に飴で育てられた。やがて成長した音八は大和《やまとの》国《くに》で刀砥師の弟子となった。ある日、刀砥に来た者に刃こぼれの理由を聞くと「十数年前、小夜の中山で妊婦を切り捨てたときに石に当たったのだ」と言ったので、母の敵とわかり名乗りを上げ、恨みを晴らした。』

藤文《ふじぶん》

伊藤文七の家で「藤文」は屋号。文七は安政3年（1856）に日坂宿の年寄役となり、万延元年（1860）から慶応3年（1860）にかけて日坂宿最後の問屋《といや》役を務めた。明治4年（1871）には日坂宿地二十七ヶ村の副戸長に任ぜられ、郵便制度が始まると郵便取扱所を自宅に開設した。日本最初の郵便局のひとつといわれている。

大旅籠《おおはたご》川坂屋《かわざかや》

寛政年間（1789～1801）に問屋役を務めた斎藤次右衛門が創業したと伝えられる旅籠屋。日坂宿では西の端にあり、現在の建物は嘉永5年（1852）の大火後に再建されたもの。間口6間（11m）、建坪は78坪あり脇本陣ではなかったが、身分の高い武士や公家たちが宿泊した格の高い旅籠だった。幕末に山岡鉄舟や西郷従道《じゅうどう》（隆盛の弟・元師海軍大将）などが宿泊し、その縁で彼らの書が残っている。母屋の裏奥手にある茶室は、文化2年（1805）、掛川城主・太田資順《すけのぶ》が偕楽園に建てたもの。掛川城内に移された後、明治元年（1868）に川坂屋に譲られ平成15年（2003）に修復された。

事任《ことのまま》八幡宮《はちまんぐう》

創建年代は不明だが、成務《せいむ》天皇の御代（131～190頃）には創建されていたという記録がある。大同2年（807）、坂上田村麻呂《さかのうえのたむらまろ》によってこの地に再興したと伝わる。朝廷や全国から「願い、事のまま叶う」として崇拝された。清少納言は枕草子に「ことのまま明神、いとたのもし」と書いている。康平5年（1062）源頼義《よりよし》が石清水《いわしみず》八幡を勧請してから八幡を名乗った。徳川幕府の保護を受け、朱印地百石を寄進された。

歩いた日：　□晴れ　□曇り　□小雨

年　月　日

スタート（時刻／場所）：

：

ゴール（時刻／場所）：

：

歩いた距離：

.　km

歩いた歩数：

歩

掛川宿～袋井

かけがわ～ふくろい

○宿場データ：

- 本陣：2軒
- 脇本陣：0軒
- 問屋場：1軒　・総家数：960軒
- 人口：3443人（男1634人　女1809人）

掛川宿《かけがわ》

秀吉の時代に掛川城城主となった山《やま》内《うち》一豊《かつとよ》は、町割りや川の改修などを行い城下町の礎を築いた。その城下町の中心を成した掛川宿の町並みは長さ東西8町（870m）で、短い割に人口は約三千四百人もあった。掛川の特産は葛布《くずふ》とお茶があり、ほかに足袋、藍鮫《あいざめ》（刀の柄に巻くサメ皮）があった。葛布は葛の蔓の繊維を横糸に、綿、麻、絹を縦糸に織ったもので、水を弾くため合羽や裃、袴などに使われた。

大田南畝《なんぽ》は「小田原や駿府の城下町にはなかった書店がある」と感心し、また「この宿は飯盛り、遊女なし」と記しており、お堅い宿であった。

貴族的な外観を持つ掛川城天守の美しさは「東海の名城」といわれたが、嘉永7年（1854）の東海大地震で城の建物の大半が損壊した。天守は再建されることなく明治維新を迎え、明治2年に廃城となった。

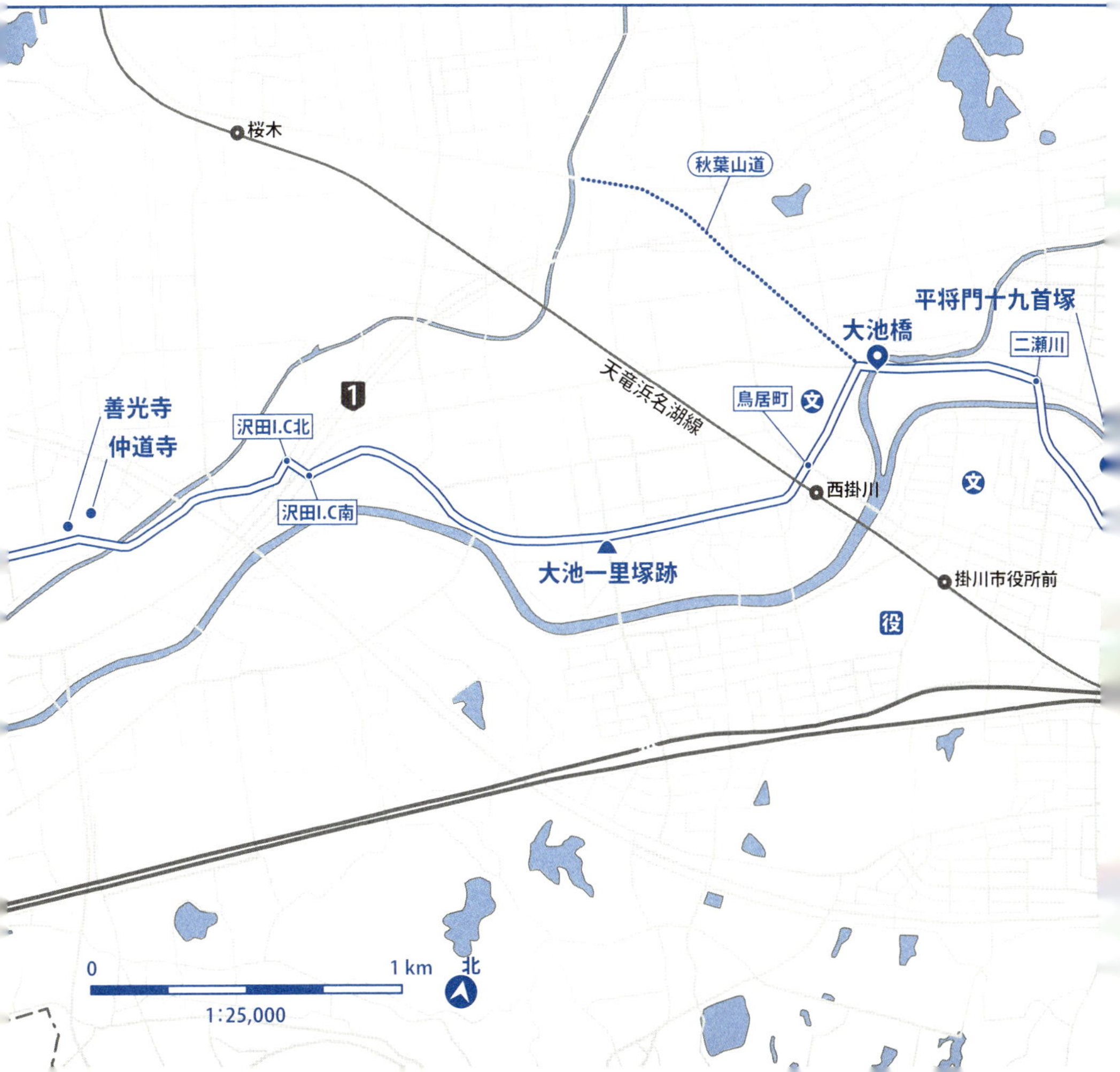

道中記一筆：

：

：

：

：

：

：

：

：

：

：

：

：

：

：

：

：

：

：

：

献立道中記：〈味の評価：□上々　□上　□中　□下〉

名所・旧跡書留め：

新町七曲り《しんまちななまが》

七曲りは、城下に敵が容易に侵入できないように、東海道をいくつも鍵の手に曲げた、城下町の防御構造のひとつ。七曲りの終点には木戸と番所があり、城下に入る人と物を監視していた。新町は山内一豊《やまうちかつとよ》が整備した城下町の東に発達した町で、七曲りの最初の角を含んでいる。

天然寺《てんねんじ》（ヘンミィの墓《はか》）

長崎のオランダ商館使節団の一員であるゲイスベルト・ヘンミィは、寛政10年（１７９８）十一代将軍・徳川家斉《いえなり》に謁見後、帰路の掛川宿で病死し、天然寺に葬られた。かまぼこ型の墓の表面には、オランダ語でその由来が書かれている。

掛川城《かけがわじょう》 大手門《おおてもん》

掛川城の正門。本来の位置は50ｍほど南にあり、現在の建物は平成７年（１９９５）に復元されたもの。

楼門《ろうもん》造りの櫓門《やぐらもん》は、木造瓦《かわら》葺《ぶ》き入母《いりも》屋《や》造りになっている。大手門を入ったところに大手門警備の侍の詰め所である江戸時代の大手門番所がある。

掛川《かけがわ》 城《じょう》

山内一豊により、天正19年（１５９１）から６年かけて完成したもので、自身は城主として10年間在城。美しい外観から「東海の名城」と謳われた。天守閣は入り口の付櫓《つけやぐら》や東西の張り出しによって、外観を大きく複雑に見せている。現在の天守は、平成６年４月に日本で初めて本格木造天守として復元されたもの。

掛川城《かけがわじょう》 二《に》の丸御殿《まるごてん》

掛川城御殿は、儀式・式典の場、藩主の公邸、藩政を司る役所という三つの機能を持つ。江戸時代末期の建物で、現存する城郭御殿としては、京都の二条城など全国で四箇所しかない建物のひとつ。国の指定重要文化財。

蕗《ふき》の門《もん》（円満寺山門《えんまんじさんもん》）

かつて掛川城の本丸、二の丸、三の丸に通じる要所にあった四脚《しきゃく》門。軒《のき》瓦《がわら》には、藩主・太田家の家紋である桔梗《ききょう》や松平家の九曜星《くようせい》などが使われている。廃城後の明治5年(1872)円満寺の山門として移築された。掛川市の文化財。

平《たいらの》 将門《まさかど》十九首塚《じゅうくしょつか》

天慶の乱（天慶３年・９４０）で滅ぼされた平将門《たいらのまさかど》以下十九名の首が、京都からの使者による検死後、埋められた場所と伝えられている。十九首の地名の由来になり、町民は首塚を守り神としている。昔は十九の塚があった。

大池橋《おおいけばし》

広重の保永堂版『東海道五拾三次 掛川』は倉真《くらみ》川に架かる大池橋を描いている。当時の大池橋は長さ29間（約52ｍ）、幅３間１尺（約５・７ｍ）の土橋だった。

歩いた日：　□晴れ　□曇り　□小雨

年　月　日

スタート（時刻／場所）：

：

ゴール（時刻／場所）：

：

歩いた距離：

.　km

歩いた歩数：

歩

袋井宿～見付

ふくろい～みつけ

○宿場データ：

- 本陣：3 軒
- 脇本陣：0 軒
- 問屋場：1 軒　• 総家数：195 軒
- 人口：人口 843 人（男 379 人　女 464 人）

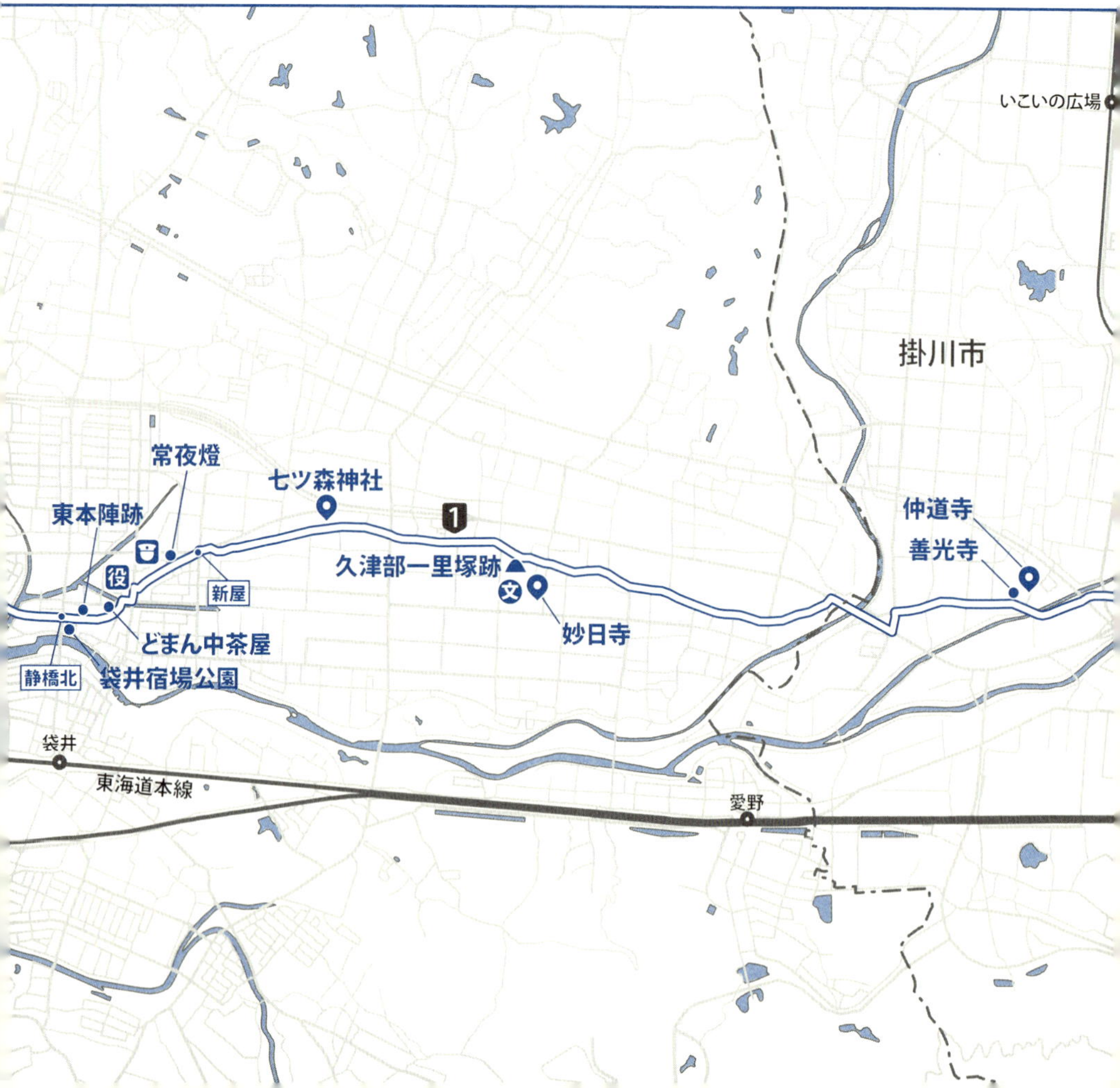

袋《ふくろ》井《い》宿

袋井宿は品川から二十七番目、五拾三次であればちょうどまん中の宿になる。東海道に伝馬《てんま》制が敷かれた慶長6年（1601）には宿駅ではなかったが、掛川宿と見付宿との距離が3里34町（15・6km）もあったので、15年後の元和2年（1616）に宿駅となった。

宿の長さは東西5町15間（570m）しかなく、東海道の宿場の中でももっとも短い町並みで、人口も八百四十三人という小さな宿場だった。

東西に掛川、見付と大きな宿場があったので、おもに休憩に利用された。また遠州三山（可睡斎《かすいさい》・油山寺《ゆさんじ》・法多山《はったさん》（尊永寺））という三つの名刹の起点で、参詣客でにぎわった。

名物は丸凧と「玉子ふわふわ」という料理だったが、どんな料理だったのか研究試作中と聞く。いまは往時の面影はなく「東海道ど真ん中宿」を町興しのキーワードとしている。

道中記一筆：

：

：

：

：

：

：

：

：

：

：

：

：

：

：

：

：

：

：

：

献立道中記：〈味の評価：□上々　□上　□中　□下〉

名所・旧跡書留め：

仲道《ちゅうどう》寺《じ》

曹洞宗のお寺。享保18年（1733）に掛川市高御所の正法寺から和尚を招き、善光寺の境内に堂を建立したことに始まると伝えられている。江戸と京都のちょうど真ん中にあることから仲道寺と寺号が付けられたという。

妙日寺《みょうにちじ》

日蓮宗のお寺で正慶元年（1332）建立。境内一帯は日蓮の先祖・貫名《ぬきな》一族の邸宅跡で、初代・政直《まさなお》から四代目の重忠《しげただ》夫妻までの墓がある。日蓮の父である貫名重忠は武士であったが、源平合戦では平氏に味方したため安房国《あわのくに》小湊に流された。貞応元年（1222）その小湊で生まれたのが日蓮である。小湊で亡くなった重忠は、遺言によりこの地に葬られた。妙日寺は日蓮の両親と先祖の縁の地に建立され、寺号「妙日」は父の法名に由来する。境内には遠州七不思議のひとつ「片葉《かたは》の葦《あし》」がある。

七《なな》ツ森《もり》神社《じんじゃ》

古墳時代にこの地を治めていたといわれる久努国造《くどのくにのみやつこ》を祀る神社。天保6年（1786）、尾張藩藩士・高力《こうりき》猿猴庵《えんこうあん》が東海道を旅した際に記した「東街便覧図略」には、七つの塚と現在の七ツ森神社が描かれている。現在その塚は確認できない。桓武《かんむ》朝の時代に小夜《さよ》の中山に蛇身鳥《じゃしんちょう》という怪鳥が出没した。七人の武将が立ち向かったが敗れて、この地に葬られたという伝説もある。

木原畷古戦場跡《きはらなわてこせんじょうあと》

元亀3年（1572）武田信玄は三万五千の兵で鷲巣の久野《くの》城を攻めたが、激しい抵抗に遭い、ここ木原に布陣した。浜松城の危機を感じた家康は偵察隊を派遣。家康の偵察隊と信玄の部隊が衝突したのが木原畷の戦いである。この戦は三方ヶ原合戦の前哨戦となった。木原畷にある許禰《こね》神社には、家康が腰かけて思案した「腰掛け石」と呼ばれる石がある。

三ヶ野七つ道《みかののななつみち》・大日堂《だいにちどう》

鎌倉の道・江戸の道・明治の道・大正の道など、各時代の道が集まっている非常に珍しい場所。このあたりは歴史や地形上からも東西交通の要衝だった。「江戸の道」である東海道の急坂を上がると、左手に大日堂がある。ここは三方ヶ原の戦いが始まる前に家康の家臣・本多平八郎が丘にある松に登って、眼下の木原に陣取った武田軍の動きを監視したところ。

遠州鈴ヶ森《えんしゅうすずがもり》

この先の三本松刑場で処刑された罪人の晒し場と供養の場所で、地蔵尊が建てられていた。日本左衛門（P119）はここで首を晒された。

歩いた日：　□晴れ　□曇り　□小雨

年　月　日

スタート（時刻 / 場所）：

：

ゴール（時刻 / 場所）：

：

歩いた距離：

.　km

歩いた歩数：

歩

見付宿～浜松

みつけ～はままつ

○宿場データ：

- 本陣：2 軒
- 脇本陣：1 軒
- 問屋場：1 軒　• 総家数：1029 軒
- 人口：3935 人（男 1898 人　女 2037 人）

見付宿《みつけ》

西に天竜川を控える見付宿は、川越え宿場として繁盛した。ただ、暴れ川であったこの川は豪雨のたびに洪水をおこしたので、地元住民を悩ませていた。船賃は武士階級が無料、町人・農民は一人六文（百三十二円）である。

京都方面から東へ向かう旅人が、はじめて富士山を目にした（見つけた）場所であったため「見付」と名付けられたという。町並み長さは11町40間（約1・3km）で、名物はスッポンと鰻《うなぎ》である。

奈良時代には国府や国分寺が置かれ、遠江国《とおとうみのくに》の政治の中心地だった。鎌倉幕府を倒した新田義貞《よしさだ》軍が、建武の新政に反旗を翻した足利尊氏《たかうじ》軍と戦った地でもある。見付宿からは、浜名湖を迂回して御油《ごゆ》に至る姫街道が分岐していた。

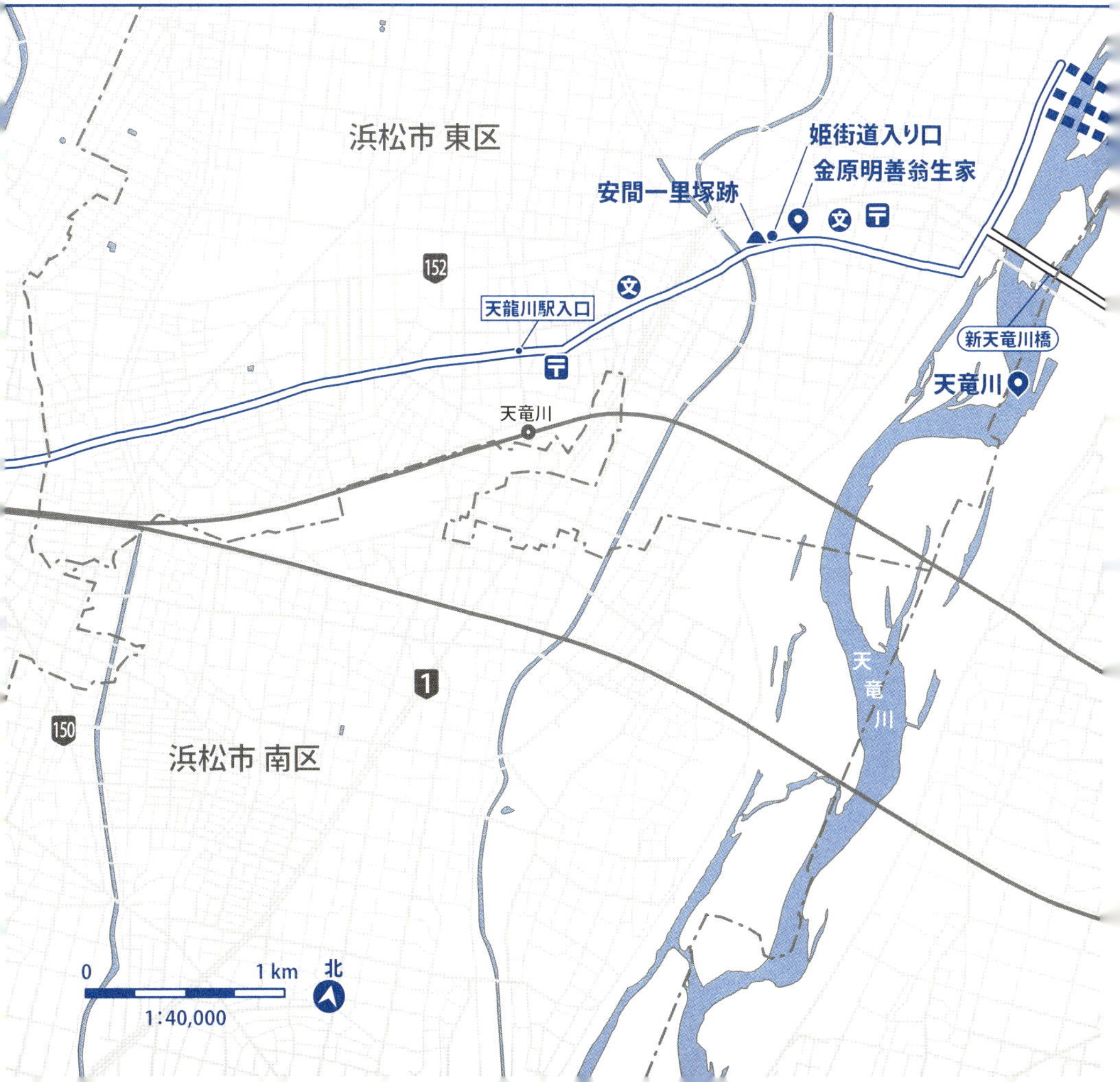

道中記一筆：

：

：

：

：

：

：

：

：

：

：

：

：

：

：

：

：

：

：

：

献立道中記：〈味の評価：□上々　□上　□中　□下〉

名所・旧跡書留め：

見付天神《みつけてんじん》

創立年代は不明の延喜式内社《えんぎしきないしゃ》。正式には矢奈比賣《やなひめ》神社という。正暦4年（993）菅原道真《すがわらのみちざね》を祀り、東海随一の学問の大神として崇敬されている。境内には化け物退治の伝説で知られる霊犬「悉平《しっぺい》太郎」の銅像がある。

旧見付学校《きゅうみつけがっこう》

明治8年（1875）に建てられ、現存する日本最古の木造擬洋風小学校舎として国の史跡に指定されている。現在は教育資料館で、明治から昭和にかけての教科書などが展示されている。

姫街道道標《ひめかいどうどうひょう》

東海道の脇街道で、見付から浜名湖の北岸の尾根を迂回して御油《ごゆ》で合流する道。女性が多く通ったので「姫街道」と呼ばれた。江戸時代の呼称は本坂道。

長森《ながもり》こうやく

葦簀《よしず》張りの仮設の茶屋である掛茶《かけぢゃ》屋《や》や立場《たてば》茶屋が並び、名物「長森こうやく」が売られていた。江戸時代前期から山田与左衛門《よざえもん》家が作り始めた家伝の秘薬で、皹《あかぎれ》や切り傷に良く効いたので、旅人や参勤交替の武士達も買い求めた。

池田渡船場跡《いけだとせんばあと》

天竜川では、平安時代にはすでに渡船による渡河が行われていた。家康が浜松城主の頃、池田の渡し方に渡船の独占権を与え、舟方の年貢や諸役一切を免除した。

行興寺《ぎょうこうじ》・熊野《ゆや》の長藤《ながふじ》

謡曲《ようきょく》で有名な熊野御前の旧跡。池田宿の長《おさ》の娘であった熊野は、才色に秀でていたので平宗盛《たいらのむねもり》の女官となった。あるとき、母が病気との手紙を受け、暇《いとま》を願い出たが許されず、東山の観桜《かんおう》の席に供を命ぜられ仕方なく出かけた。酒宴の席では、『いかにせん都の春も惜しけれど　馴れし東の花や散るらん』と詠んだ。これを見て宗盛は熊野に帰郷を許した。母の病は回復したが、熊野は都に戻らなかった。境内の推定樹齢850年の藤は熊野が植えたとされ、「熊野の長藤」として国の天然記念物に指定されている。

天竜川《てんりゅうがわ》

諏訪《すわ》湖に源を発し、佐久間ダムを経て遠州灘に注ぐ。天竜川の名は河畔にあった天竜寺から付けられたという。昔は別名「あばれ天竜」といい、たびたび洪水を起こしていた。

金原明善翁生家《きんぱらめいぜんおうせいか》

天保3年（1832）安間《あんま》村の名主の長男として生まれた金原明善の生家。三十七歳のとき、維新政府に水防の必要性を説き、天竜川の治水・利水事業に全財産を投入した。

江戸

江戸《えど》城《じょう》

別称：千代田城
創建年代：室町時代
創建者：太田道灌《どうかん》
主な城主：徳川将軍家

東海道を整備した江戸幕府の中心にあたる城。家康の代の「慶長の大改修」、家光の代の「寛永の大改築」など、半世紀にわたって国の労力と財力を出し尽くして建設された。1607年に完成した五層の大天守は、1657年に焼け落ちて以降再建されていない。

小田原

小《お》田《だ》原《わら》城《じょう》

別称：―
創建年代：14世紀末
創建者：―
主な城主：後北条氏　大久保氏

北条氏康《うじやす》が城主であった頃、上杉謙信、武田信玄から二度の来攻を受けるが、籠城してこれを防ぐ。この頃の小田原城は非常に規模が大きく、大坂城に匹敵するほどだった。北条氏の滅亡後、家康の家臣大久保忠世《ただよ》に与えられ、近世城郭の姿に改修された。

小田原

石垣《いしがき》山《やま》一《いち》夜《や》城《じょう》

別称：石垣山城
創建年代：天正18年
創建者：豊臣秀吉
主な城主：豊臣氏

小田原合戦当時、豊臣秀吉が本営として築いた城。早川を隔てて眼下に小田原城を見下ろす場所に位置した。北側には石積みの壮大な井戸があり、その深さから「さざえの井戸」と呼ばれている。この井戸は大坂から秀吉が呼び寄せた淀君《よどぎみ》が化粧をしたとも伝わる。

箱根

山中《やまなか》城《じょう》

別称：―
創建年代：永禄年間
創建者：北条氏康《うじやす》
主な城主：北条氏　松田氏

小田原本城の西方防備のために築城されたといわれる。天正18年3月、豊臣秀次《ひでつぐ》の軍を相手取り、山中城の攻城戦が行われた。豊臣軍の七万人に対して山中城の城兵はわずか四千人であった。豊臣軍は大勢の犠牲を出すも、半日ほどで城を落とした。

沼津

三枚橋《さんまいばし》城《じょう》

別称：観潮城
創建年代：中世～近世初頭
創建者：―
主な城主：武田氏　松平氏　大久保氏

武田軍が駿河に侵攻した１５７０年頃、後北条氏への対抗拠点として整備されたといわれる。１６１４年頃に一度廃城となるが、１７７７年頃に、三枚橋城の構造を踏襲し一部縮小した形で水野氏により沼津城として整備された。

原

興国寺《こうこくじ》城《じょう》

別称：杜若《かきつばた》城
創建年代：室町時代後期
創建者：―
主な城主：北条氏　武田氏

興国寺という寺院を移し、跡地に築いたことでこの名がついた。北条早雲《そううん》が今川家の内紛を鎮めた功績によりこの地を与えられ、本拠とした。早雲は興国寺を本拠地として１４９１年に伊豆へ侵攻し、堀越公方を滅亡させ、韮山《にらやま》城を築いて居城にしたという。

蒲原

蒲原《かんばら》城《じょう》

別称：―
創建年代：天文年間
創建者：―
主な城主：今川氏

戦国期の初期に多く造られた山城のひとつであり、峰式の山城と呼ばれたもの。今川氏が築城したとされ、山城に適した地形から難攻不落の城とされていたが、天正18年（１５８２）7月に織田氏・徳川氏の連合軍により廃城となった。

江尻

江尻《えじり》城《じょう》

別称：小芝《こしば》城
創建年代：永禄12年
創建者：武田信玄
主な城主：穴山氏

武田軍は１５６８年に駿河に侵攻、今川氏を追いつめ徳川家康と対峙した。一方、相模北条氏は今川氏の救援と失地回復を狙い、駿河に出兵。これを受け武田軍が補給基地、及び海岸部の確保のために築いた城である。織田・徳川連合軍の侵攻により開城した。

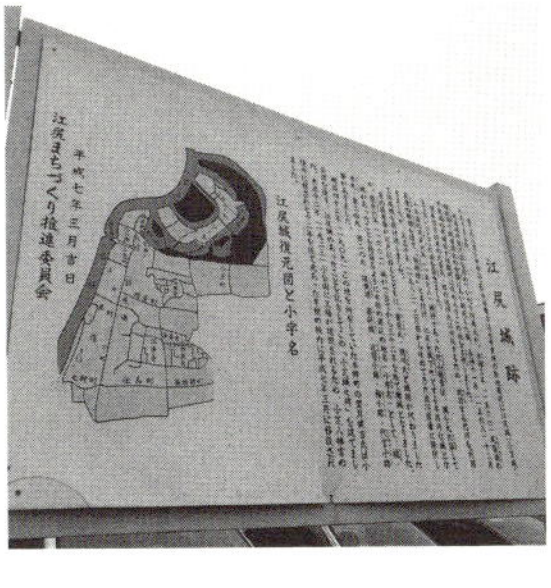

府中

駿《すん》府《ぷ》城《じょう》

別称：—
創建年代：天正17年
創建者：徳川家康
主な城主：徳川氏

徳川家康が隠居後に余生を過ごした城。１６１６年、家康が七十五歳で没すると、子頼宣《ただより》が在城し、１６２５年から家光の弟忠《ただ》長《なが》が城主となった。駿府城代は、大坂城代と並ぶ幕府の重職であった。北門を改築した際に墨書や石垣修復の刻印などが発見された。

丸子

丸《まり》子《こ》城《じょう》

別称：鞠子《まりこ》城　三角城
創建年代：応永年間
創建者：斎藤安元　今川氏親《うじちか》
主な城主：今川氏　山形氏

丸子の地は四方から道が集中する。今川氏親が西の関門として重要視し、駿府の支城としたのが丸子城だ。もともとは斉藤氏の居城であったこの城は、氏親に接収され南城が築かれた。防備が完成したと見た氏親は全軍を率い、西駿河を経て中遠江へと進んだ。

藤枝

田《た》中《なか》城《じょう》

別称：亀甲《きっこう》城　亀城
創建年代：永禄13年以前
創建者：一色信成《のぶなり》
主な城主：武田氏

この城の別称は外側の三の丸が亀の甲羅状であったことに由来する。信玄が遠江国の徳川勢に圧力をかける際に重要な役割を担ったといわれる。しかし、徳川軍から攻撃を受け次第に孤立していく。天正10年には徳川勢に包囲され、城内外で戦いを繰り広げた。

金谷

諏《す》訪《わ》原《はら》城《じょう》

別称：牧野城　牧野原城　扇城
創建年代：天正元年
創建者：武田勝頼
主な城主：武田氏　徳川氏

遠江の徳川方であった高《たか》天神《てんじん》城を攻略するために築かれた山城である。その後、落城し徳川方の城になると堀などの大規模な改修が行われ、現在の姿となったと考えられる。大井川を背にして西向きに構えられた城で、この造りは「後ろ堅固」と呼ばれる。

掛川

掛川城《かけがわじょう》

別称：雲霧《くもきり》城　松尾城
創建年代：永正９年
創建者：朝比奈《あさひな》氏
主な城主：朝比奈氏　山内氏

１５６８年、城主であった朝比奈泰朝《やすとも》は武田信玄に駿府を追われた今川氏真《うじさね》を迎え入れ、落武者三千人を収容する。さらに、攻め込んできた徳川勢を相手に半年間防戦したが、講和の末に開城した。安政の大地震により天守と本丸御殿が倒壊、翌年に建て直された。

見付

見付端城《みつけはじょう》

別称：端《は》城　遠府《えんふ》城
創建年代：室町時代前期
創建者：今川氏
主な城主：今川氏

今川貞世《さだよ》以後、数代の居城となった。五代目の孫である堀越用山《ほりこしようざん》が反義元《よしもと》派に属したため、義元は天野虎景《とらかげ》にこの城の攻撃を命じた。現在、北の館跡は見付交流センター・磐田北小学校などになっている。台地には空堀の跡と想像される窪地がある。

城郭スタンプコレクション

年　月　日	年　月　日
年　月　日	年　月　日

街道を知る 用語集

本書をお使いになるうえで理解しておきたい用語を解説します。

◎間の宿【あいのしゅく】

宿場と宿場の間にあって、茶屋や荷物の運送を頼める荷宿がある、宿場の機能を有した町場のこと。基本的には休憩場所として設けられたもので、宿泊は禁止されていた。

◎一里塚【いちりづか】

徳川家康は慶長9年（1604）36丁（町）を1里（約3・9km）と定めた。日本橋を基点に五街道に一里ごとに塚を設けた。塚は直径5間（約9m）、高さは約1丈（約3・3m）ほどの大きさ。

錦田一里塚　三島

◎川会所【かわかいしょ】

江戸時代、大井川、安倍川などで川越しに関する事務を扱った役所。

～川越の方法～（大井川）

●肩車越《かたくまごし》

人足の肩車で渡る。

●馬越・馬瀬越

人や荷物を乗馬のまま渡る。武士だけに許された。

●蓮台《れんだい》渡し

蓮台に乗って渡る。蓮台の種類は悌子式から板張り高欄付きまで数種あった。

●棒渡し（報謝越）

無賃者を渡す方法。長細い丸太に四～五人で取りすがり、両端を川越人足《かわごしにんそく》が持って渡す。

渡河の値段はその日の水深と川幅によって変動した。旅人は、川会所で雇う人足代の「川札《かわふだ》」や蓮台のレンタル料の「台札《だいふだ》」を買い、川越人足に手渡して川越した。川札の値段は、股の下から脇の下までに五段階で分けられ、一枚あたりの値段は、脇の下まで水がある場合は九十四文（約2820円）、股の下までだと四十八文(約1440円)だったといわれる。人足にも階級があり、口取（四十五歳以上）、待川越（ベテラン）、本川越（一人前）、水入（十五歳以上の見習い）、弁当持ち（十五歳未満の若者）などの階級区分があり、修行を積んで高度な技術を身につける必要があった。

◎貫目改所【かんめあらためしょ】

運送する荷物を検査する役所。重さや数量が書状や規定以内に守られているかどうか厳しく取り締まった。東海道の場合は品川宿・府中宿・草津宿の三ヶ所にあり、問屋場に併設さた。

◎木戸【きど】

もともとは城郭の出入り口を意味していたが、江戸時代には、大きな都市の町境に設けられた門のことを意味するようになった。夜になると木戸は閉じられ通行禁止となった。近くには人の出入りを監視する木戸番の番小屋があった。

◎高札場【こうさつば】

幕府の法令・掟・道徳倫理を庶民に徹底させ、また旅人に人馬や馬の公定駄賃を知らせるための施設。神奈川宿の高札場は高さ3・5m、間口約5m、奥行1・5mと見上げるほどの大きさ。

高札場　日坂

◎宿【しゅく】

平安時代から交通の要衝になっている場所などに自然発生してきた集落。東海道の宿のいくつかは、鎌倉時代に京都との連絡手段として幕府が整備してきたものもある。

◎常夜燈【じょうやとう】

神社仏閣に一対で置かれている灯り。神仏を供養するために、火を消さないことからこの名前になった。夜間の照明が少ない江戸時代には、神社の常夜灯は道行く人びとの目印となった。

常夜燈　三島

◎関所【せきしょ】

東海道における関所の役割は、おもに人質として江戸に預かっている大名の正室が逃げないように監視することと、武器の出入りを監視することだった。「入り鉄砲に出女」といわれていた。関所を通るには「通行手形」や「関所手形」が必要で、破ると厳しい罰が与えられた。

◎立場【たてば】

旅人の休憩所のこと。江戸時代に「杖を立てかけて休む場」という意味から立場と呼ばれていた。立場は宿と宿の間にあって、数件の掛茶屋（葦簾《よしず》ばりの簡単な茶屋）が並ぶ茶屋を立場茶屋と呼んだ。

◎茶屋【ちゃや】

寺社詣でをする人のために抹茶を売る店が門前に集まり、一服を一銭で提供していた。これは15世紀に抹茶を飲む風習が庶民の間で広まったことによる。街道筋の茶屋では宿場を兼ねることもあった。

◎伝馬制度【てんませいど】

徳川家康によって東海道をはじめとする五街道に敷かれた制度。宿場は、公の書状、荷物や旅客を次の宿場まで運ぶために必要な人馬を備えておく必要があった。

◎問屋場【といやば】

旅行者の荷物を運ぶ人馬や馬を交代する人馬の中継所のこと。伝馬制度を支える宿場で、もっとも重要な役所であった。東海道には人馬継ぎ所（問屋場）が品川宿を皮切りに大津宿まで五十三の宿場に置かれた。

◎渡船場【とせんば】

船で川を渡してくれる場所。料金を表示した川高札と料金を徴収する川会所があった。水主《かこ》（漕ぎ手）が常駐していて、明け六つから暮れ六つまでの日中に行われていた。増水や強風時は「川留《かわどめ》」といい、渡船できなかった。

六郷の渡し跡　川崎

◎旅籠屋【はたごや】

一般庶民などが利用した宿場にある宿泊施設。旅籠は、旅の食料などを入れるものを意味し、食事を提供してくれる施設を旅籠屋と呼んだ。食事がつかない施設は木賃宿《きちんやど》と呼ばれ、旅籠屋より格下とされていた。

◎本陣【ほんじん】

本来は戦場で大将がいる位置のこと。宿場では大名・幕府高官・公家・勅使など特定の身分の人だけが宿泊する家をいう。宿場の有力者の自宅が本陣に指名され、本陣家は名字帯刀《みょうじたいとう》が許された。

◎見附【みつけ】

城門に入る人を監視する見張り所のこと。宿場の両端に見附を設置して、不審者の宿場への出入りを監視する治安と防御施設だった。見附の外側には宿の境界を示す傍示杭《ほうじぐい》と本陣の泊まりを示す関札《せきふだ》が立てられていた。

江戸方見附　平塚

◎脇本陣【わきほんじん】

武士や一般の人が宿泊する旅籠の中で、本陣に先約があるときに本陣の代わりを務める場所。広さは本陣より小さいが、本陣に準ずる格式があり、旅籠の中では大きく、高級なものが多かった。

ぬりつぶし一里塚

里程：	一里塚名：	掲載ページ：	訪れた日：
35	（本市場）	P77	/
36	富士川の渡し		/
37	岩淵	P80	/
38	（蒲原）	P81	/
39	（由比）	P84	/
40	（西倉沢）	P85	/
41	興津	P88	/
43	草薙	P92	/
44	長沼	P93	/
45	（府中）	P96	/
46	（丸子）	P100	/
49	（鬼島）	P105	/
50	（志太）	P108	/
51	上青島	P109	/
52	（島田）	P112	/
53	（金谷）	P116	/
54	小夜中山	P117	/
55	伊達方	P120	/
56	葛川	P124	/
57	大池	P125	/
58	久津部	P128	/
59	木原	P129	/
60	阿多古山	P132	/
61	宮之一色	P132	/
62	天竜川の渡し		/
63	安間	P133	/
5	市場	P28	/
7	（神奈川）	P29	/
8	（保土ヶ谷）	P32	/
9	品濃	P33	/
10	戸塚	P36	/
11	原宿	P37	/
12	（遊行寺坂）	P40	/
13	（辻堂）	P40	/
14	茅ヶ崎	P41	/
16	（大磯）	P45	/
17	（国府本郷）	P48	/
18	（押切坂）	P49	/
19	小八幡	P52	/
20	（小田原）	P53	/
21	（風祭）	P53	/
22	（湯本茶屋）	P56	/
23	畑宿	P57	/
24	（箱根）	P57	/
26	（山中新田）	P60	/
27	笹原	P61	/
28	錦田	P64	/
29	（伏見）	P65	/
30	沼津	P68	/
31	松長	P69	/
32	（原）	P72	/
33	（沼田新田）	P73	/

※廃止されたり場所が不明のものは除いています。

（　）は『東海道一里塚ウォーキングガイド＿東海道の一里塚について』を参考に仮称で表記しています。

	宿駅名：	宿駅間距離（km）：	訪れた日：	心に残った名所／名物：
	日本橋	0	月　日	
1	品川宿	7.8	月　日	
2	川崎宿	9.8	月　日	
3	神奈川宿	9.8	月　日	
4	保土ヶ谷宿	4.9	月　日	
5	戸塚宿	8.8	月　日	
6	藤沢宿	7.8	月　日	
7	平塚宿	13.7	月　日	
8	大磯宿	2.9	月　日	
9	小田原宿	15.6	月　日	
10	箱根宿	16.5	月　日	
11	三島宿	14.8	月　日	
12	沼津宿	5.9	月　日	
13	原宿	5.9	月　日	
14	吉原宿	11.7	月　日	

宿駅名：	宿駅間距離（km）：	訪れた日：	心に残った名所：
15 蒲原宿	11.1	月　日	
16 由比宿	3.9	月　日	
17 興津宿	9.1	月　日	
18 江尻宿	4.1	月　日	
19 府中宿	10.5	月　日	
20 丸子宿	5.6	月　日	
21 岡部宿	7.8	月　日	
22 藤枝宿	6.7	月　日	
23 島田宿	8.7	月　日	
24 金谷宿	3.9	月　日	
25 日坂宿	6.5	月　日	
26 掛川宿	7.1	月　日	
27 袋井宿	9.5	月　日	
28 見付宿	5.9	月　日	

移動距離：	歩数：	消費カロリー：	支出（飲食／交通費／宿泊）：
. km	歩	kcal	円
. km	歩	kcal	円
. km	歩	kcal	円
. km	歩	kcal	円
. km	歩	kcal	円
. km	歩	kcal	円
. km	歩	kcal	円
. km	歩	kcal	円
. km	歩	kcal	円
. km	歩	kcal	円
. km	歩	kcal	円
. km	歩	kcal	円

年月日：　　　　　　　　　　スタート ～ ゴール：

年　　月　　日(　　)　　～

年　　月　　日(　　)　　～

年　　月　　日(　　)　　～

年　　月　　日(　　)　　～

年　　月　　日(　　)　　～

年　　月　　日(　　)　　～

年　　月　　日(　　)　　～

年　　月　　日(　　)　　～

年　　月　　日(　　)　　～

年　　月　　日(　　)　　～

年　　月　　日(　　)　　～

年　　月　　日(　　)　　～

	1	2	3	4	5	6	7	8	9	10
	1	2	3	4	5	6	7	8	9	10
	1	2	3	4	5	6	7	8	9	10
	1	2	3	4	5	6	7	8	9	10
	1	2	3	4	5	6	7	8	9	10
	1	2	3	4	5	6	7	8	9	10
	1	2	3	4	5	6	7	8	9	10
	1	2	3	4	5	6	7	8	9	10
	1	2	3	4	5	6	7	8	9	10
	1	2	3	4	5	6	7	8	9	10
	1	2	3	4	5	6	7	8	9	10
	1	2	3	4	5	6	7	8	9	10
	1	2	3	4	5	6	7	8	9	10
	1	2	3	4	5	6	7	8	9	10
	1	2	3	4	5	6	7	8	9	10
	1	2	3	4	5	6	7	8	9	10

現金	1	2	3	4	5	6	7	8	9	10
携帯電話	1	2	3	4	5	6	7	8	9	10
地図・ガイド	1	2	3	4	5	6	7	8	9	10
カメラ	1	2	3	4	5	6	7	8	9	10
タオル	1	2	3	4	5	6	7	8	9	10
折りたたみ傘	1	2	3	4	5	6	7	8	9	10
レインウェア	1	2	3	4	5	6	7	8	9	10
健康保険証	1	2	3	4	5	6	7	8	9	10
常備薬	1	2	3	4	5	6	7	8	9	10
携行食	1	2	3	4	5	6	7	8	9	10
水	1	2	3	4	5	6	7	8	9	10
	1	2	3	4	5	6	7	8	9	10
	1	2	3	4	5	6	7	8	9	10
	1	2	3	4	5	6	7	8	9	10
	1	2	3	4	5	6	7	8	9	10
	1	2	3	4	5	6	7	8	9	10

旅のおみやげ記録

品物：	どこで：	誰に：	金額：
			円
			円
			円
			円
			円
			円
			円
			円
			円
			円
			円
			円
			円
			円
			円

◆三島市立公園 楽寿園 (➡ P.64)

☎055-975-2570
🕘4 月 ~10 月／ 9:00~17:00
11 月 ~3 月／ 9:00 分 ~16:30
休月曜日 (祝日の場合はその翌日) ／年末年始
¥300 円

◆小休本陣常盤邸

(➡ P.80 〈常盤家〉)
☎0545-21-3380 (富士市立博物館)
🕘9:00 ～ 16:00
休平日
¥無料

◆木屋江戸資料館

(➡ P.81 〈木屋三階建て土蔵・渡辺家〉)
☎054-385-3441
休平日 (祝日をのぞく) ／雨天
※見学の際は事前連絡が必要。

◆藤屋望嶽亭 (➡ P.85)

☎054-375-3486
🕘9:00 ～ 15:00
休不定休
¥無料
※見学の際は事前連絡が必要。

◆水口屋ギャラリー

(➡ P.88 〈脇本陣水口屋跡〉)
☎054-369-6101
🕘10:00 ～ 16:00
休月曜日／年末年始
¥無料

◆東海道かわさき宿交流館 (➡ P.25)

☎044-280-7321
🕘9:00 ～ 17:00
休月曜日 (祝日の場合はその翌日) ／年末年始
¥無料

◆鴫立庵 (➡ P.48)

☎0463-61-6926
🕘9:00 ～ 16:00
休年末年始
¥100 円

◆大磯町郷土資料館 (➡ P.48)

☎0463-61-4700
🕘9:00 ～ 17:00
休月曜日／毎月 1 日／年末年始
¥無料
※リニューアルにつき変更の可能性あり。

◆小田原城天守閣・歴史見聞館

(➡ P.53 〈小田原城〉)
☎0465-22-5795 (歴史見聞館)
🕘9:00 ～ 17:00
休年末年始
¥600 円 (共通券)

◆箱根関所・箱根関所資料館

(➡ P.57)
☎0460-83-6635
🕘9:00 ～ 17:00
12 ～ 2 月／ 9:00 ～ 16:30
休年中無休
¥500 円 (65 歳以上は 400 円)

◆島田市博物館・分館（➡P.113）

☎0547-37-1000、0547-34-3216（分館）
9:00～17:00
休月曜日（祝日の場合はその翌日）／年末年始
¥300円

◆川坂屋（➡P.120〈大旅籠川坂屋〉）

☎0537-27-2020
10:00～16:00
休平日／年末年始／9月中旬の祭礼時
¥無料

◆掛川城天守閣・御殿

（➡P.124〈掛川城〉）
9:00～17:00
休年中無休
¥410円

◆澤野医院記念館（➡P.129）

☎0538-44-2324
10:00～16:00
休平日／年末年始
¥無料

◆旧見付学校（➡P.132）

☎0538-32-4511
9:00～16:30
休月曜日（祝日の場合はその翌日）／年末年始
¥無料

> 多くの施設では、最終入館時刻を閉館時刻の30分前にしています。また、個人で管理している施設等もありますので、休館日などは事前に必ずお確かめください。本書掲載の情報は2016年5月1日現在のものです。

◆興津坐漁荘（➡P.88〈坐漁荘〉）

☎054-369-2221
10:00～17:00（土日祝 9:30～17:30）
休月曜日（祝日の場合はその翌日）／年末年始
¥無料

◆駿府城（東御門・巽櫓・坤櫓・紅葉山庭園）（➡P.96）

☎054-251-0016
9:00～16:30
休月曜日（祝日の場合はその翌日）
¥360円（共通券）

◆お羽織屋（➡P.101）

☎054-258-1488
9:00～17:00
休木曜日
¥200円

◆大旅籠柏屋（➡P.104）

☎054-667-0018
9:00～17:00
休月曜日（祝日の場合はその翌日）／年末年始
¥300円

◆千貫堤・瀬戸染飯伝承館

（➡P.109〈染飯茶屋跡〉）
☎054-646-0050
9:00～16:00
11月～3月／火～金曜日 10:00～15:00
土・日・祝日／9:30～15:00
休月曜日（祝日の場合はその翌日）／年末年始
¥無料

主要参考文献

◆書籍・資料

『今昔東海道独案内　新装版』 日本交通公社　1994年
『東海道五十三次ハンドブック』 三省堂　1997年
『こんなに面白い江戸の旅　東海道五十三次ガイドブック』 東京美術　2001年
『決定版　東海道五十三次ガイド』 講談社＋α文庫　2005年
『新修 五街道細見』 青蛙房　2004年
『歴史の旅　東海道を歩く』 吉川弘文館　2007年
『東海道を歩く改訂版』 山と渓谷社　2006年
『東海道名所図会を読む』 東京堂出版　1997年
『新訂　東海道名所図会集　上・中・下』 ぺりかん社　2001年
『広重の東海道五拾参次旅景色　天保懐宝道中図で辿る』 人文社　1997年
『広重と歩こう東海道五十三次』 小学館　2000年
『歴史散歩便利帳』 山川出版社　2002年
『ニッポンの旅　江戸達人と歩く東海道』 淡交社　2007年
『広重「東海道五十三次」の秘密　新発見、その元絵は司馬江漢だった』 祥伝社　1995年
『東海道一里塚ウオーキングガイド』 月刊日本橋　2003年
『東海道さんさくマップ』 中部建設協会　2001年
『週刊日本の街道　東海道1～5』 講談社　2002年～2003年
『CG再現東海道五十三次　CGと浮世絵でひもとく宿場と旅の楽しみ』 双葉社　2009年
『図説　東海道歴史散歩』 新人物往来社　2001年
『保存版　古写真で見る街道と宿場町』 世界文化社　2001年
『F．ベアト写真集1　幕末日本の風景と人びと』 横浜開港資料館　2006年
『東海道中膝栗毛』 世界文化社　1976年
『江戸の旅を読む』 ぺりかん社　2002年
『東海道五拾参次之内（保永堂版）　東海道広重美術館発行資料』 東海道広重美術館
『東海道五十三次　将軍家茂公御上洛図』 河出書房新社　2001年
『名所図会を手にして東海道』 御茶の水書房　2011年
『日本史小百科　宿場』 東京堂出版　1999年
『東海道　安藤広重の『東海道五十三次』と古道と宿駅の変遷』 有峰書店新社　1987年
『たべもの東海道』 小学館　2000年
『川柳東海道（上）（下）』 読売新聞社　1972年
『東海道名所歩き　川柳で楽しむ伊豆・駿河・遠江の旅』 三樹書房　2005年
『ぶらり東海道五十三次芸能ばなし　a.d.楽学読本』 アートダイジェスト 2001年
『江戸参府旅行日記』 平凡社（東洋文庫）　1977年
『江戸参府紀行』　　平凡社（東洋文庫）　1967年
『広重五十三次を歩く（上）（下）』NHK出版　1997年
『感動発見！　東海道みちくさウォーク』 風媒社　2005年
『東海道五拾三次（浮世絵大系）』 集英社　1975年
『江戸時代図誌　東海道（一）（二）（三）』 筑摩書房　1976年
『歌川国貞　東海道五十三次之内』 平木浮世絵財団　2011年
『広重・国芳・三代豊国　東海道五十三對』 平木浮世絵財団　2011年
『古地図・道中図で辿る　東海道中膝栗毛の旅』 人文社　2006年
『東海道　東海道五拾三次　広重と大正期の写真』 知足美術館　2007年
『山下清の東海道五十三次展』 二川宿本陣資料館　2008年
『東海道棟方板画』 駿河銀行　1965年
『司馬江漢『東海道五十三次画帖』 広重「五十三次」には元絵があった』 ワイズ出版　　1996年
『しながわの史跡めぐり』 品川区教育委員会　1997年
『神奈川の宿場を歩く』 神奈川新聞社　2008年
『神奈川宿往来』 横浜開港資料館　2006年
『神奈川の東海道　上・下』 神奈川新聞社　1999年
『江戸時代の神奈川』 有隣堂　1994年
『江戸時代の道づくり　神奈川県の東海道』 神奈川東海道ルネサンス推進協議会　2006年
『東海道と藤沢宿』 藤沢市教育委員会　2001年
『東海道藤沢宿』 名著出版　1980年
『箱根関所物語』 神奈川新聞社　1985年
『三島市郷土資料館発行　三島宿』 三島市郷土資料館　2005年
『箱根八里』 三島市郷土資料館　2001年
『島田市博物館「浮世絵」目録』 島田市博物館　2010年
『大井川の川越し』 島田市教育委員会　1992年
『新居ものがたり』 新居町教育委員会　1993年
『常設展示案内』 二川宿本陣資料館発行資料　2006年
『浮世絵』 二川宿本陣資料館発行資料　2005年
『空から見た東海道　五雲亭貞秀展』 二川宿本陣資料館発行資料 2003年
『たべあるき東海道』 二川宿本陣資料館発行資料　1999年
『東海道名所風景』 二川宿本陣資料館発行資料　2006年
『広重の世界　竪絵東海道』 二川宿本陣資料館発行資料　1997年
『東海道五十三次宿場展Ⅸ　二川・吉田』二川宿本陣資料館発行資料　2001年
『東海道の城下町展Ⅱ』 二川宿本陣資料館発行資料　2006年
『浮世絵に描かれた三遠の東海道』二川宿本陣資料館発行資料　1995年
『本陣に泊まった大名たち』二川宿本陣資料館発行資料 1996年
『道中日記展　近世豊橋の旅人たち』 二川宿本陣資料館発行資料　2002年
『大名の宿　本陣展』 二川宿本陣資料館発行資料　1994年
『郷土史を訪ねて』 朝日新聞名古屋本社　2001年
『桑名のいろは』 桑名商工会議所　2007年
『近江の宿場町』 サンライズ出版　2009年
『宿場町つちやま　土山宿を歴史する』 サンライズ出版　2011年
『甲賀水口の歩みと暮らし』 水口歴史民俗資料館　1986年
『史跡草津本陣発行資料』 草津宿本陣
『大津市歴史博物館展示案内』 大津市歴史博物館　1991年
『大津事件』 大津市歴史博物館　2007年改定
『江戸の旅文化』 岩波新書　2004年
『徳川将軍家十五代のカルテ』 新潮社　2005年
『殿様の通信簿』 朝日新聞社　2006年
『徳川家康　天下人への跳躍』 新人物往来社　2008年
『知っておきたい岡崎の人物伝　第12号』 情報文化社　2006年
『家康公の史話と伝説とエピソードを訪ねて』 静岡市観光課　2007年
『次郎長一代記』 毎日新聞社　2007年
『宣教医ヘボン　ローマ字・和英辞書・翻訳聖書のパイオニア』 横浜市ふるさと歴史財団　2013年
『生麦事件上・下』 新潮文庫　2002年
『源義経　伝説に生きる英雄』 清水新書　1990年
『江戸時代のロビンソン　七つの漂流譚』 新潮文庫　2009年
『遠州七不思議』 2003　玲風書房
『歴史街道ガイド 東海道五十三次を歩く〈1〉日本橋～大磯』 講談社　1999年
『歴史街道ガイド 東海道五十三次を歩く〈2〉小田原～箱根～府中（駿府）』 講談社　1999年
『歴史街道ガイド 東海道五十三次を歩く〈3〉丸子～大井川・浜名湖‐新居』 講談社　1999年
『図説 東海道五十三次』 河出書房新社　2000年
『日本城郭大系　第5巻』 新人物往来社　1979年
『日本城郭大系　第6巻』 新人物往来社　1979年
『日本城郭大系　第9巻』 新人物往来社　1979年
『近世交通資料集4　東海道宿村大概帳』 吉川弘文館　1970年
『江戸東京学事典』 三省堂　1987年
『幸田成友著作集 第二巻』 中央公論社　1972年

現地史跡に掲示されている教育委員会の解説
各地の神社仏閣で発行されている由緒書き類
各地の史蹟で発行されているパンフレット類
ウィキペディアフリー百科事典

◆Webサイト

http：//www.sinakan.jp/
http：//www.kanagawa-jinja.or.jp/index.php4
http：//jyugenji.com/
http：//www.shinmeisya.or.jp/main/index.html
http：//www.city.yokohama.lg.jp/hodogaya/
http：//www.city.yokohama.lg.jp/totsuka/
http：//tomiduka.net/index.html
http：//www.jishu.or.jp/
http：//www.ktr.mlit.go.jp/yokohama/tokaido/index.htm
http：//shirahata-jinja.jp/
http：//www.town.oiso.kanagawa.jp/isotabi/index.html
http：//endaiji.com/index.html
http：//www.rokusho.jp/index.html
http：//shonan-ninomiya-kankou.com/
http：//www.city.odawara.kanagawa.jp/kanko/odawaracastle/
http：//www.choukouzan.com/index.shtml
http：//www.oiwakeyokan.com/index.html
http：//www.city.fujieda.shizuoka.jp/kyodomuse/
http：//kikuya-f.co.jp/index.html
http：//www.ooijinjya.org/index.html
http：//www.nichiren.or.jp/
http：//www.hyogo-c.ed.jp/~rekihaku-bo/historystation/
http：//www.city.chigasaki.kanagawa.jp/index.html
http：//www.hakone-yeg.com/hakotakara/index.html
https：//www.city.mishima.shizuoka.jp/
http：//www.mishimataisha.or.jp/
http：//www.city.numazu.shizuoka.jp/
http：//seikenji.com/index.html
http：//www.inarijinja.com/yahata/
http：//www.meijimura.com/
http：//www.pref.shizuoka.jp/index.html
http：//homepage2.nifty.com/seigetu/new/top.html
http：//www.visit-shizuoka.com/
http：//kasibaya.web.fc2.com/
http：//www.chojiya.info/jp/
http：//www.geocities.jp/kotonomachihime/
http：//kakegawajo.com/
http：//ebarajinja.org/
http：//www.city.yokohama.lg.jp/tsurumi/
http：//www.tanabata-hiratsuka.com/index.html
http：//www.hakone-tozan.co.jp/
http：//www.city.shizuoka.jp/index.html
http：//yuikou.jp/index.html
http：//sumpu-castlepark.com/
http：//www.shizuokamatsuri.com/
http：//hamamatsu-daisuki.net/matsuri/
https：//www.city.shimada.shizuoka.jp/

◆提供・協力

芝大神宮/荏原神社/しながわ観光協会/稲毛神社/道念稲荷神社/横浜市教育委員会/八坂神社総代会/清浄光寺（遊行寺）/白旗神社/大磯町/一般社団法人 平塚市観光協会/六所神社/一般社団法人 小田原市観光協会/箱根登山鉄道部/三嶋大社/毘沙門天妙法寺/富士市役所/静岡市役所/由比港漁業協同組合/草薙神社龍勢保存会/静岡浅間神社/公益財団法人 静岡観光コンベンション協会/藤枝市商業観光課/大井神社/株式会社丸紅（meguri石畳茶屋）/事任八幡宮/掛川観光協会/法多山 尊永寺/磐田市商工観光課/宮内庁長官官房総務課/小田原デジタルアーカイブ/小田原市/三島市教育委員会/沼津市教育委員会/清水区役所 蒲原支所/静岡市観光交流課/静岡市観光交流文化局歴史文化課/藤枝市郷土博物館・文学館/島田市教育委員会文化課文化財係/掛川城公園管理事務局/磐田市教育委員会/東海道ネットワークの会21

〈企画・編集・執筆協力〉
楠窪眞一、大井保明（クラブツーリズム講師）／小崎昭男

〈カバー／表紙／本文〉
デザイン　APRIL FOOL Inc.
イラスト　亀川秀樹

〈地図〉
株式会社東京地図研究社

〈執筆協力〉
菊池絢

〈DTP〉
高八重子

〈企画・編集〉
高作真紀／三上恒希（ナイスク）
橘浩之（技術評論社）

〈制作〉
株式会社ナイスク　http：//naisg.com
松尾里央／鈴木英里子／岡田かおり／中野真理／
川北真梨乃／安原直登／高田理奈／原宏太郎

※この地図の作成に当たっては、国土地理院長の承認を得て、同院発行の基盤地図情報を
使用した。（承認番号　平28情使、第38号）

大人《おとな》の趣味採集帳《しゅみさいしゅうちょう》 シリーズ

ぬりつぶし「東海道《とうかいどう》五拾七次《ごじゅうななつぎ》」の旅手帖《たびてちょう》__日本橋《にほんばし》～見付宿編《みつけじゅくへん》

2016年6月30日　初版　第1刷発行

監　修　クラブツーリズム講師《こうし》会《かい》事務《じむ》 局《きょく》

発行者　片岡　巖
発行所　株式会社技術評論社
　　　　東京都新宿区市谷左内町21-13
　　　　電話　03-3513-6150　販売促進部
　　　　　　　03-3267-2272　書籍編集部

印刷／製本　株式会社加藤文明社

定価はカバーに表示してあります。

ISBN978-4-7741-8162-2　C0021
Printed in Japan

ご意見・ご感想は、下記の宛先までFAXまたは書面にてお寄せください。

宛先：　〒162-0846　東京都新宿区市谷左内町21-13
　　　　株式会社　技術評論社　書籍編集部
　　　　「ぬりつぶし「東海道五拾七次」の旅手帖__日本橋～見付宿編」係
　　　　FAX：03-3267-2269

浜松
舞坂
新居
白須賀
二川
吉田
御油
赤坂
藤川
岡崎
知立
鳴海
宮
桑名
四日市
尾張
名古屋城
那古野城
三河
宮宿
七里の渡し（熱田湊）
鳴海城
鳴海宿
桑名宿
桑名城
七里の渡し（桑名湊）
木曽川
長良川
四日市宿
知立城
知立宿
岡崎宿
岡崎城
藤川宿
赤坂宿
御油宿
吉田城
吉田宿
二川宿
白須賀宿
新居宿
新居関所
舞坂宿
今切の渡し
浜松城
浜松宿
遠江
渥美湾
伊勢湾
N